权利外观理论的商事适用

王梦薇 著

QUANLI WAIGUAN LILUN DE
SHANGSHI SHIYONG

法律出版社
LAW PRESS·CHINA
北京

序

《权利外观理论的商事适用》一书是权利外观理论领域研究的精心之作。权利外观理论是以保护信赖利益为宗旨的私法理论，在商事领域中研究权利外观理论，对于丰富商法基础理论以及解决商事纠纷中的实际问题，具有很强的现实意义。本书主要阐释权利外观理论在商法中的理论基础地位，论证权利外观理论在商事登记、商事行为、强制执行领域中的适用方法，是对商事领域权利外观理论研究很有特色的一部作品。

《权利外观理论的商事适用》一书清晰地概括了权利外观理论的研究成果，丰富了权利外观理论的研究视域。本书梳理了权利外观理论在德国、日本、法国和我国的发展历程，明晰了权利外观理论的概念和适用条件，还将这一研究扩展到民商法的诸多领域中如何适用权利外观理论之上，有益于应对司法实践中处理纷繁复杂纠纷的需求。该书提出权利外观理论在调整商事交易法律关系中应作为法律原则发挥作用的观点，主张应适用权利外观理论以弥补商事成文法的不足，填补现行成文法中的法律漏洞。

关于商事登记与权利外观理论，《权利外观理论的商事适用》一书针对司法实践中存在的公示信息与实际情况不一致的情况，围绕商主体性质、股东身份、出资期限等真实与表象的分离；公司内部限制法定代表人对外代表权限未公告，合伙协议限制普通合伙人对外代表权限未公告，存在法律规定的通常情况与真实的情况不一致；商主体已完成法定代表人、出资期限内部变更程序而未作变更商事登记的，存在登记事项与真实情况的不一致；在连续交易过程中，登记义务人变更登记事项而交易相对人并不知晓，存在交易相对人对连续交易过程中信赖的外观与实际情况不一致等情形。本书在分析了《民法典》第65条的规定不能满足实际需求后，提出完善我国商事登记效力法律条文的观点，认为权利外观理论适用于保护交易相对人信赖利益具有可行性。

关于商事行为与权利外观理论，《权利外观理论的商事适用》一书探讨在票据法领域、证券法领域及债权转让制度中适用权利外观理论的可行性。围绕交付欠缺情况，票据伪造、变造情形中，在论证弥补成文法的不足时可以适用权利外观理论。在证券法领域中，提出将证券虚假陈述民事责任的构成要件适用于民事侵权责任的构成要件并不是最优选择，主张权利外观理论可以为证券虚假陈述纠纷的解决提供思路。在债权转让制度中，提出《民法典》第545条第2款前半段未对善意第三人应当满足的条件作出规定，权利外观理论可以适用于判断善意第三人的条件。作者在书中适用权利外观理论论证了我国现行成文法并未规定的债权表见让与情形，等等。

关于强制执行与权利外观理论，《权利外观理论的商事适用》一书对司法实践中适用权利外观理论进行释法说理的案例进行了详细的分析,对于司法实践中存在的有争议的问题,如在申请执行人申请追加股东为被执行人时,能否追加出资未届期股东,出资期限登记冲突的股东,出资期限未届至转让股权的股东和受让人为被执行人的问题,研究权利外观理论在上述情形中的适用。

《权利外观理论的商事适用》一书体现了作者数年刻苦钻研的过程,是其多年进取追求的成果。本书的研究不仅涉及司法实务问题,还涉及理论构建、制度创立等问题,作者在这些方面做出了很多大胆的探讨并提出了一些很好的建议,对未来的制度设计能从实际情况出发,具有针对性。作者敢于对现有的学术观点进行挑战,具有学术勇气。当然,书中也偶有学术稚嫩,但作者愿意把学术当作终生的追求,相信其会继续关注这一领域的学术发展,并继续完善自己的观点。

本书是作者对其博士论文进一步完善和丰富的成果,相较同类研究有创新、有突破。我作为作者的博士导师,愿意把本书推荐给读者,尤其是对权利外观理论有兴趣的研究者。

董惠江

2025 年仲春

目 录

绪 论 　1
　一、研究背景与起因 　1
　二、研究的意义 　2
　三、研究现状 　4
　四、研究方法 　21

第一章　权利外观理论概览 　22
第一节　权利外观理论的渊源及发展 　22
　一、权利外观理论在德国的发展 　22
　二、权利外观理论在日本的发展 　35
　三、权利外观理论在法国的发展 　37
　四、权利外观理论在我国的发展 　45
第二节　权利外观理论的概念与适用条件 　48
　一、权利外观理论的概念 　48
　二、适用条件 　52
第三节　权利外观理论商事适用的法价值评价 　65
　一、安全价值 　65
　二、效率价值 　67
　三、公平价值 　69
第四节　权利外观理论的定位 　70
　一、诚实信用说 　70

二、信赖保护说　　72
　　三、权利外观理论应为商法的一般原则　　73
第五节　权利外观理论在具体制度中的适用　　75
　　一、权利外观理论的适用领域　　75
　　二、权利外观理论的功能　　80
本章小结　　84

第二章　商事登记与权利外观理论　　85
第一节　商事登记制度概述　　86
　　一、商事登记的内涵　　86
　　二、商事登记的第三人效力　　88
　　三、权利外观理论适用于我国商事登记制度的基础　　92
第二节　登记事项错误情形中权利外观理论的适用　　95
　　一、登记事项错误的概念　　95
　　二、登记错误情形中权利外观理论适用的可能性　　96
　　三、商事主体性质登记错误中的适用　　98
　　四、股东身份登记错误中的适用　　101
　　五、出资期限登记错误中的适用　　108
第三节　应登记未登记情形中权利外观理论的适用　　110
　　一、内部限制应登记未登记　　110
　　二、变更事项应登记未登记　　114
第四节　连续交易登记变更的外观责任　　116
　　一、连续交易情形中的主体义务　　116
　　二、权利外观理论在连续交易情形中的适用　　119
第五节　权利外观理论不应适用的类型　　122
　　一、真正权利人与外观登记人之间不适用　　122

二、知悉真实情况的交易相对人不适用　　123
　本章小结　　123

第三章　商事行为与权利外观理论　　125
第一节　商事行为概述　　125
　　一、商事行为的概念　　125
　　二、商事行为与意思表示　　126
第二节　票据法中权利外观理论的适用　　130
　　一、作为一般理论的权利外观理论　　130
　　二、权利外观理论适用的具体情形　　135
第三节　证券法中权利外观理论的适用　　150
　　一、信息披露制度概述　　150
　　二、证券虚假陈述中权利外观理论适用的基础　　154
　　三、权利外观理论适用的可能性　　157
第四节　债权转让中权利外观理论的适用　　159
　　一、非金钱债权约定不得转让中的适用　　159
　　二、债权表见让与制度中的适用　　167
　本章小结　　174

第四章　强制执行与权利外观理论　　176
第一节　执行异议中权利外观理论的适用　　177
　　一、民事强制执行的性质　　177
　　二、司法实务中权利外观理论的适用情形　　178
第二节　股东执行异议中权利外观理论的适用　　181
　　一、出资期限未届至情况中的适用　　182
　　二、出资期限登记冲突情况中的适用　　189
　　三、出资期限未届至转让股权情况中的适用　　192

第三节　股权执行异议中权利外观理论的不适用　　199
　一、股权强制执行概述　　199
　二、股权实际权利人提起执行异议中的不适用　　201
　三、股权受让人提起执行异议中的不适用　　204
本章小结　　206

结　　语　　208

参考文献　　212

致　　谢　　221

绪 论

一、研究背景与起因

权利外观理论也称外观主义。通过中国裁判文书网,以"权利外观""外观主义""权利外观理论"为关键字分别进行搜索,作为诉辩主张、法官裁判说理的案件有1万余件。在对善意相对人信赖利益保护的基础方面,裁判文书使用了"外观"一词,在强制执行程序中适用权利外观理论,以解决因被执行人公示登记瑕疵所致的申请执行人利益与财产实际所有人利益之间的冲突。从司法实践的适用状况上看,权利外观理论适用的案件类型繁多,贯穿民商法的各个领域,在强制执行程序中存在同一案件不同审级的法院均适用权利外观理论进行释法说理,但裁判结果截然相反的情况。权利外观理论在实务中的广泛适用和适用效果差异,引发了笔者对这一问题的关注。

我国成文法中的法律原则并无权利外观理论,法律规则中也从未有"权利外观"一词。从司法实践处理纠纷中法律适用的方法来看,在确定法律事实之后,首先应当判断是否有成文法可以适用,在解决纠纷不能直接适用现行法律规定时,可以通过解释成文法以达到解决实际纠纷的目的。只有在既无成文法规则,又无法通过法解释学方法对法律进行解释以适用于司法实践时,才能在解决纠纷时直接适用法律原则。权利外观理论在现行司法实践中的适用应当经过这样的过程,即在现行成文法规则存在漏洞,需要适用权利外观理论进行法律漏洞的填补时,权利外观理论可以发挥作用。笔者由此展开对权利外观理论在司法实践中适用情况的研究。

《全国法院民商事审判工作会议纪要》(法〔2019〕254号)中的观点是,权利外观理论是为保护交易安全设置的例外规定,应避免泛化和滥用。司法实践中存在适用权利外观理论解释成文法,或直接运用于司法实践进行释法说理的情况。也有学者认为权利外观理论在商法上是一种普遍原则。权利外观理论与商法之间契合的根源、在商法中适用的共性特征应当予以明晰。据此,笔者试图对权利外观理论商事适用在理论上和实务中的突出问题加以多角度的探讨。

二、研究的意义

(一)理论意义

1. 有利于促进商法基础理论的研究

目前对权利外观理论的研究大多从民事领域的适用进行分析,集中于善意取得制度与表见代理制度方面的论述,在商事领域中的研究存在不足。在司法实践中,用民事思维解决商事纠纷会导致裁判结果与商事规则所追求的价值发生冲突,学术研究中对个案类型或单一领域商法基础理论的研究,表现为某一领域的问题或者个案的解决,并未形成体系化的梳理。司法实践中,在处理商事纠纷案件时,因现行成文法规则无法适用于个案以解决问题,有的法官采用权利外观理论解决商事纠纷中的问题,但适用该理论进行释法说理受到合法性质疑。与民法的基本原则、思维方式的学术成果丰富相比较,商法的基本原则、商事思维方法以及商事交易特殊性的研究尚未引起足够的重视。权利外观理论所蕴含的法价值与商法所追求的价值具有一致性,使权利外观理论作为法学理论解释商事成文法规则及解决商事纠纷具有正当性。权利外观理论与商法所追求的价值具有一致性,使权利外观理论有利于商事法律规定的完善,可以为司法实践中商事纠纷的处理提供法理支持。

2. 有利于实现法的安全价值

商事活动的每一次交易都有可能成为其他交易的基础,其中任何一个交易环节出现问题,都会使整个交易过程存在不稳定因素。正是基于商事活动的特点,交易安全需求对于商事交易主体而言最为重要。商事活动中时常存在威胁交易安全的情况,如商事活动中的不实登记行为等,使交易相对人信赖的外观与真实情况并不一致。权利外观理论是维护交易安全的法学理论,将外观视为真实,以保护交易相对人的信赖利益,从而维护交易秩序,实现法的安全价值。

(二) 实践意义

1. 纠正现行司法实践中存在的对权利外观理论的误用

在强制执行程序中,有的裁判文书运用权利外观理论进行释法说理,但存在对权利外观理论的误用。如在法院查封被执行人名下的股权时,有案外人提出被执行人并非股权的实际所有人,并提起执行异议之诉,有的法院解读权利外观理论为"登记外观视为真实",判决驳回案外人的诉讼请求。这是对权利外观理论的误用。由于对基础理论的误读造成实务裁判的偏差,进而影响法律的权威性和公正性。笔者通过本书的研究,以期在司法实践中正确适用权利外观理论,发挥理论指导实践的作用。

2. 有利于为司法实践中的适用提供理论支持

法律的目的是为调整社会关系,僵化、教条式的法律条文缺乏生命力,也无法回应不断发展变化的社会生活需要。法律规则背后的原理、所包含的法价值,可以在规则适用发生价值偏离时,发挥原理为法律实践定向的功能。运用权利外观理论对成文法进行解释的方式,使法律规则能够有效回应司法实践需求,是本书研究的重点之一。权利外观理论借助立法与司法不断的具体化,而立法与司法活动也需要运用权利外观理论进行规则的制定、裁判中的释法说理。我国司法实践对权利外观理论的适用有整理和研究的必要,特别是应明确适用界限。本书的研究,为司法实践中适用权利外观理论以解决实务纠纷的问题提供理论支持。

三、研究现状

以下对国外、国内的研究综述,均系选取代表性学者对权利外观理论的理解加以概括。

(一)国外研究综述

在权利外观理论的商事适用基础方面,日本学者喜多了佑在其《外观优越的法理》一书中的观点是,权利外观理论是私法的一般原则,是商法的基本原则,在判决和法解释学中得到了实际应用,发挥着重要作用,以提高交易安全为目标。权利外观理论作为一种解释私有财产的技术,被视为绝对私有财产权的现代原则的例外。交易安全是现代私法的特殊要求,必须将其视为现代私法中的基本思想。韩国学者李井杓在其《韩国商法上的表见责任制度之研究》一文中的观点如下:商法是关于企业关系的法律,基本宗旨是保障企业的健康发展。商法最重要的理念是确保企业交易活动的安全、迅速。私法上交易活动的安全区分为静的安全和动的安全,因资本社会以企业为中心,形成大量、集团、连续、反复交易的关系,企业的形态和交易结构复杂多样,故动态交易安全十分重要。权利外观理论是在表示与真实不相符时,保护信赖表见,维护交易安全的制度。造成与真实不相符外观的人,应对信赖者承担因外观而造成的责任。

在权利外观理论价值评价方面,法国学者雅克·盖斯旦在其《法国民法总论》一书中的观点如下:现行法律条文分散地体现了权利外观理论,是适应法律关系安全的需要。只有当人们确定,在审视事实后并合理地信任法律状态的情况下所取得的权利不会有风险时,才会放心地行动,可见动态安全是行为的动力。韩国学者李井杓在其《韩国商法上的表见责任制度之研究》一文中的观点如下:权利外观理论是在表示与真实不相符时,保护信赖表见,维护交易安全的制度;为了满足现代交易方式的技术化和专业化,保障交易安全的需要,在动的安全与静的安全发生冲突时,作为克服两者对立的方案,趋于牺牲权利安全,以保护交易的安全。日本学者喜多了佑在其《外观优越的法理》一书中的观点如下:权利外观理论的价值基础是满足交易安全。现代社会的交易活跃,交易结构复杂,对权利和法律事实的真相愈发难以掌握。从经验上看,如果有法律意义的要素在某个外部事实中被表达出来,将外部事实标准化以解决与之关联的法律问题更加方便。当外部事实不表达任何法律真理时,即使存在信赖也不能视为真实。善意者的安全是出于政策考虑有保护的必要,权利外观理论是促进交易安全的手段,是满足安全需求的学说。

在权利外观理论适用条件方面,卡尔·拉伦茨在《德国民法通论》一书中的观点如下:权利表见责任是法律行为责任的扩充,受益人的保护需要满足的条件是存在某种权利状态的表象,受益人在尽到了交易上应有的注意之后信赖了表象,引发了权利表象的人或者是具有消除表象能力而未消除表象的人对权利状态表象负责。对于受益人而言,表象视为已经发生或者继续存在。卡纳里斯在《德国商法》一书中认为权利外观责任的一般要件包括:第一,外观的存在要件,外观的产生方式可以是明示的表示、推断的行为、单纯的容忍,对于是否存在外观的判断,一般适用和意思表示的确定与解释同样的标准;第二,外观存在可归责性的要件,权利外观责任的承担者需要对外观的存在具有可归责性,对其适用风险原则,设想相应交易活动理想的参加者的行为要求;第三,信赖第三人的主观要件是善意,做出了相应的处分、信赖投资或者成立相应的法律行为,知悉外观的构成并且和处分行为之间存在因果关系。权利外观责任的法律后果是外观状态取代真实状态的地位。法国学者雅克·盖斯旦在其《法国民法总论》一书中的观点如下:权利外观理论的适用条件是需具备客观要素和主观要素。客观要素,是指因存在显示了法律状态的事实,有一系列的情况形成了事实的相互印证,使一般人对表见不会产生怀疑。事实状态存续的时间越长,认为不合理的理由就越少。主观要素,是指对于未知的真相不能因疏忽大意而不知晓,否则不能获得保护。当一些基本的预防措施足以消除误解,或者当实际情况有不寻常之处而足以使第三人产生怀疑时,信任不能视为合理。客观要素和主观要素在此处交叉连接。韩国学者李井杓在其《韩国商法上的表见责任制度之研究》一文中认为商法上权利表见责任的一般成立条件包括:第一,外观的存在,即外观必须在法律上有可信性,外观存在的具体形态根据个别规定而不同,外观存在与否是法律行为解释问题;第二,具有可归责的原因,即在实际与外观不符时,本人哪怕没有提供外观发生的原因,在存在必须保护第三者信赖的理由时,本人的表见责任成立;第三,交易相对方对外观的信赖,即交易的相对方将表见行为人误认为真正的权利主体时,交易相对方必须是善意的,信赖者的行为与外观之间有因果关系。

关于权利外观理论适用方法的研究,法国学者雅克·盖斯旦在其《法国民法总论》一书中的观点如下:权利外观理论是判例创造,判决首先是在法律上被认为有空白的特殊的情况下,开始权利外观理论的适用;在法律已作出规定的情况下,如对公司机构超越公司章程规定的权限所作的行为效力已有规定,权利外观理论不再有用武之地。权利外观理论的目的在于对实证法进行解释和系统化的阐述。事实与法律之间的关系是互动的,法律规则引导着个人的行为并塑造了事实的状态,权利外观理论的发展表明法律对事实的屈从,有悖于法律的事实状态可能直接成为主观权利的渊源。具有一般意义的理论对法律规则具有校正作用。表见的事实状况之所以优先于法律的真实,是因为明显的事实状况会引导人们相信某些不存在的权利。

关于道德诚信与信赖保护关系的研究,卡尔·拉伦茨在《德国民法通论》一书中的观点如下:信赖保护与遵守诚实信用的要求不同,没有法律伦理方面的基础;保护信赖往往只是一种旨在提高法律行为交易稳定性的法律技术手段。日本学者喜多了佑在其《外观优越的法理》一书中的观点如下:在法律中,行为的外观规范性是足够的,但从道德的角度上来说,思想的内部规范性是必需的。道德评价是由一个人完成的,而不是个人的内在反映,但法律评估是个人之间进行的外部行为,因此外观处于优越的位置。法律与道德是分离的,应区分外部和内部的要素。法律义务始终有所保留,而道德义务则没有这种外部联系。法律因为道德价值将行为展示为自身的部分,而道德价值将行为展示为共同生活的共同部分。法律是双面的,而道德是单面的,将实证法与道德的概念进行比较是没有道理的。在外部与内部之间,应当讨论如何使法律与道德相辅相成。

关于权利外观理论适用范围的研究,韩国学者李井杓在其《韩国商法上的表见责任制度之研究》一文中的观点如下:韩国商法中有关外观主义的规定包括总则编中对支配人代理权的限制、表见支配人制度、名义出借者的责任、不实登记的公信力,以及商行为编中许可使用商号的匿名合伙人的责任等,还有公司编中自称职员的责任、类似发起人责任、退职职员的责任、表见代表理事制度等。另外,票据及其他有价证券制度中各种指示证券的文言证券性、证券的善意取得、人的抗辩切断等亦属此列。日本学者喜多了佑在其《外观优越的法理》一书中的观点如下:权利外观理论在商法中的适用并未得到全面的研究;在该书的最后一章,作者谈及商事适用,以遵循商业登记公示方法的技术外观和遵循建立商业本身方法的自然外观这两种类型对权利外观理论进行研究。法国学者雅克·盖斯旦在其《法国民法总论》一书中的观点是,在适用范围上,权利外观理论适用于私法的各个领域。卡尔·拉伦茨在《德国民法通论》一书中指出,在债法领域中权利外观理论与债权的转让相结合,也可适用于商人交易中规定的缄默、违反指示而填写的空白证书所产生的责任,票据法等。

关于商事登记与权利外观理论的研究,卡纳里斯在《德国商法》一书第二章"商事登记和权利外观责任"中阐述了其观点。他认为《德国商法典》第15条第1款(应登入商事登记的法律事实,只要尚未登记和公告,就不得被应对此种事实进行登记的人利用来对抗第三人,但此种事实已为第三人知悉的除外)规定了法教义学上的权利外观责任。构成要件是:第一,客观要件是存在有登记义务的事实,这一事实是法律规定的申报义务;第二,有登记义务的事实尚未登记和公告;第三,有前登记义务的事实没有登记,第三人也可能对此知悉,信赖表见并不仅仅存在于商事登记中,也存在于其他的有关相关法律状态的宣告中;第四,主观方面要求第三人不知悉真实的法律状态;第五,第三人在法律行为意义上或者诉讼法意义上做出了行为,被主张的请求权应和法律行为交易有关;第六,信赖的存在并且信赖和行为之间有因果性,信赖的存在可以是商事登记,也可以由法律的通常规定以及过去法律状态的公示产生,要求第三人必须知悉信赖产生的根据是过分的要求,对于第三人举证责任很难或根本无法实现,会使《德国商法典》第15条第1款的保护失去价值;申报义务人应当反向举证,证明第三人对信赖得以产生的事实不知悉。《德国商法典》第15条第1款的法律后果是,登记义务事实不得用来对抗第三人;第三人在《德国商法典》第15条第1款提供的法律状况和真实法律状态之间具有选择权;第三人不应比假使外观法律状态等于真实状态的情况下获得更好的利益。《德国商法典》第15条第3款从法教义学角度解释,是有关权利外观责任的条款;如果对一项已载入登记簿的事实进行了不正确的公告,第三人依据《德国商法典》第15条第3款,可以对应登记此项事实的人援引公告的事实内容,但第三人明知其不正确的除外。

关于债权转让与权利外观理论的研究,卡尔·拉伦茨在《德国民法通论》一书中的观点如下:在债法领域中权利外观理论与债权转让相结合,如果债务人签发了债务证明书,债权人交出该证明书而转让他的债权,债务人不得主张与原始债权人之间的债务不存在。债务人签发证明书上的义务对其而言是虚假的,他需要对第三人对债权既已存在的表象的信赖负责。这也同样适用于他没有在债务证明书上证明有债权不得予以转让的情况。如果债务人在债权受让人的询问下确认债的关系的存在和排除条件的不存在,在这样的情况下,确认对于第三人而言有使其相信的意义;债务人有意识地制造表象的后果,是对于信赖确认的受让人,债务人丧失了排除条件。在债权表见让与中,债权人通知债务人他已经转让债权,即使事实上未进行转让或者转让无效,通知转让的行为对其具有约束力。债务人向错误的新债权人给付,便解除了债务人的债务。债务人可以信赖通知是正确的,不要求其审查通知是否正确。债务人不应承担风险,他可以信任债权人向他作出的通知。

关于代理制度与权利外观理论的研究,卡尔·拉伦茨在《德国民法通论》一书中的观点是,在代理法中,存在授予委托代理权的权利表象,在通过个别通知的方式向受通知人宣布他授予另一人委托代理权,或以公开告示的方式宣布他授予另一人委托代理权,由于未进行委托代理权的授权或者授权无效,从而使通知与事实不符,根据法律规定仍然创设了代理权,通知或公示人以可归责的方式制造了授予委托代理权的表象。在代理法中,还存在委托代理权继续存在的权利表象。外部授权的委托代理权对于被授权的人而言,其效力保持至委托代理权的授权人向他们作出委托代理权消灭的通知为止。被代理人只要没有向第三人作出外部撤回授权的表示,第三人在获得代理权已经消灭的通知或通过其他渠道知晓这种情况之前,都可以信任委托代理权是继续存在的。通过个别通知而被告知授予委托代理权的人享受信赖保护,在公告委托代理权的情况下,在公告撤回该委托代理权之前,任何人都享受保护。在授权书交还授权人或宣告无效前,代理权的权利表象继续保持其效力。

(二)国内研究综述

关于权利外观理论的价值基础,丁南教授在其《民法理念与信赖保护》一书中的观点是,外观主义是民法信赖保护体系中的重要组成部分,目的在于保护交易安全,稳定财产秩序。他从"社会利益"理论解读外观主义,认为外观主义体现了以"社会利益"为核心的社会学法学的法哲学理念。吴国喆教授在《权利表象及其私法处置规则——以善意取得和表见代理制度为中心考察》一书中的观点如下:权利表象规则的制度价值在于促进交易安全与效率。权利表象规则对交易安全的促进作用表现在这一规则具有保护善意的功能,在善意第三人尽到了交易上必要的注意,符合一般规则的前提下,信赖了权利表象并从事了法律行为,即可实现自己的交易目的,从而确保交易安全。交易安全不限于单个具体的交易,诸多保护善意第三人的制度会形成交易秩序,从而在整体上促进人们的安全感。权利表象具有促进交易效率的作用,交易对象可以避免为获得交易信息付出更大的成本,也能促进社会整体效用的最大化。全先银博士在《商法上的外观主义》一书中的观点如下:外观主义适应了安全价值从静到动,由个体到社会整体的变化。外观主义以交易中重要事项的外在表现形式决定其法律效果,切断了相对人所致的因素对交易法律效果的影响,从而使交易中重要事项的法律效果具有稳定性,保护交易中的行为相对人的利益,使交易安全得以维护。现代交易是具有多重交易关系的交易链,以外在表现形式决定交易行为的效力,使某一行为具有确定的法律效力,在外在表现形式与事实不一致时不影响交易行为的效力,使后续交易的效力和稳定性得到维护,避免了因连续交易中断引起经济秩序的混乱,从而维护了社会的整体安全。叶金强教授在其《信赖原理的私法结构》一书中的观点如下:信赖原理强调保护的是信赖者对一定外观事实的信赖。外观、表象、形式比内质、实像、实质传递更为直观、明确、稳定的信息,在此基础上可以建立简洁明快的信息传递机制。保护合理信赖可以免去进一步获取信息的负担,从而节约信息成本。信赖原理可以发挥节约信息成本的功能。信赖保护是信赖者安全利益所在。信赖原理对信赖者自由的影响,是通过信赖者安全的保障实现的。信赖原理对信赖者的保护以责任者的不利益为代价。

关于权利外观理论适用条件,马新彦教授在其《现代私法上的信赖法则》一书中的观点如下:信赖法则有三大构成要件。第一,外观事实的存在。实施法律行为的当事人之间真实的事实与外观事实不一致,可能是表意人的意思表示所致,也可能是通过行为人的行为表现出来或是通过事实情况的相互印证推断出来的。第二,受表意人对外观事实赋予信赖。受表意人对外观事实的信赖主观是善意的,信赖须有合理性,是依一般理性人的标准判断的;受表意人须有信赖损害,即基于信赖为一定行为或不为一定行为,并遭受财产损失,信赖与损害之间具有因果关系。第三,因信赖而受不利益的人对外观事实有可归责的原因。冯玥博士在《商法中的外观主义研究》一书中的观点如下:外观主义的适用规则为外观表象的存在、合理信赖的存在、可归责性的存在。将外观表象分为登记的外观表象与非登记的外观表象。外观表象是虚假的事实,当法律选择虚像优于实像时,外观表象产生法律上的相应效力。判断合理信赖应从善意、对外观表象的知悉以及基于信赖的交易行为方面进行认定。善意的认定标准并非单一,而应以客观标准为基础,辅以主观标准考量。对可归责性的判断,基于商事交易的复杂性,在可归责性的具体适用上,不可单一适用,而应结合实际情形予以区分。登记而产生的权利表象、违法行为而产生的外观表象以及票据行为所产生的外观表象可以不受可归责性的约束,而其他外观表象则应适用风险归责原则进行分析。叶金强教授在其《信赖原理的私法结构》一书中的观点如下:信赖原理的私法构造展现为,在信赖存在的事实基础之上,通过信赖者信赖合理性程度与责任者可归责性程度的比较权衡,弹性地确定相应的法律效果。信赖合理性的判断可以通过构建理性人标准完成。理性人标准的适用,包括构建理性人,确定理性人所置身的场景,通过法官心理机制完成合理性的判断。责任者的可归责性具有兼顾私法自治、协调信赖原理与自治原理的功能。可归责性定位于以过失为中心而上下移动,包括故意、过失及过失以下的归责因素。责任者信赖责任的发生以其具有可归责性为前提,在责任者不具有可归责性的情况下,当信赖处于责任者的风险领域时,责任者例外地承担责任。风险领域理论可以作为责任法领域中与过失责任相并列的归责基础,由此建立起二元归责理论体系。丁南教授在其《民法理念与信赖保护》一书中的观点如下:外观主义的一般性制度结构在于,交易主体对交易要素的外观事实存在信赖,本人引致外观,法律后果为强制有效。在符合外观主义的要件前提下,则法律直接赋予交易以强制有效的后果。强制有效体现了法律对当事人之间权利义务分配最终的和直接的后果,已无须再借助或拟制常规法体系下的生效要件。王熅博士在《积极的信赖保护——权利外观责任研究》一书中的观点如下:权利外观责任的事实构成包括外观的存在、合理信赖、可归责事由。在可归责原理中的与因主义、过错主义、风险主义中,统合说更为合理。如果存在与因的事实,可直接以积极的、有意识的作成外观或使外观存续为归责事由,只有当事人不存在意思和故意、过失等决定性因素,或虽然存在但程度相同时,才诉诸风险支配的标准,依当事人距离风险的远近、回避风险可能性的大小、控制和支配风险的程度等指标作最后的判断。侯巍博士在《民事权利外观的信赖保护——以财产权继受取得为视角》一书中的观点如下:权利外观信赖保护要件为外观的客观存在、交易相对人的合理信赖、真正权利人的可归责性。按照表现的交易事项不同,将权利外观划分为能力的外观、意思的外观和权利的外观。依权利外观的形成是否有国家公权力的介入,划分为公权力介入的权利外观与自然状况的权利外观。对交易相对人的合理信赖构成的判断,以抽象标准为基准,以一般理性人为基本模型,结合交易主体的具体情事有所加成。善意相对人须基于信赖为一定行为,信赖客观外在时才能得到法律的保护。在真正权利人的可归责性方面,比较过失主义、与因主义、风险控制规则、社会成本规则,将损失风险分配给真正权利人还是善意相对人,应对当事人的交易成本进行综合考量。吴国喆教授在《权利表象及其私法处置规则——以善意取得和表见代理制度为中心考察》一书中的观点如下:权利表象规则的构成要件为对表象的合理信赖、权利表象形成过程中的可归责性、实施法律行为。可归责性与信赖合理性的比较权衡是权利表象规则适用与否的技术手段。他将权利表象规则定义为:第三人善意且合理地信赖权利表象并在此基础上与表见权利人为法律行为时,对权利表象的形成有过助力的真实权利人应当承担该法律行为的后果,即将表见权利视为真实。

关于权利外观理论的适用方法,王焜博士在《积极的信赖保护——权利外观责任研究》一书中的观点如下:权利外观责任是法律规则一般作用的纠正,既要适用于需要的地方,又要防止法律秩序遭到破坏。权利外观责任制度由若干外观主义的法律规范构成,正当性基础建立在主观的价值论基础之上,并且有着客观的认识论基础,不仅是利益衡量的价值选择的结果,也是法律事实判断的必然。权利外观责任的事实构成是一个动态开放的体系,责任能否成立须综合衡量构成要件。叶金强教授在其《信赖原理的私法结构》一书中的观点如下:就法律本体而言,法律不是文本中的解释而是生活中的法律,普通人对法律文本的理解只能构成与法律有关的存在,只有个案中法官为裁决而作出的解释才构成法的存在。一个制定法只有在法官解释之后才成为真正的法律,制定法只是表面的法律,真正的法律在法院的裁决中。法的解释、理解指向法的应用,法律在理解中应用,在应用中理解;正是这样的过程,法展开成为具体的存在。规则除了纯粹的技术性之外,背后有相应的原则支撑。规则是由原则证成的。规则的适用应回到原则,适用或不适用某规则的裁判,是基于原则考量的结果。对规则的例外决定会运用原则予以衡量,作为规则适用的判决正当化需要通过法律原则。法律原理是法律基础上的价值判断,原理群构建了法的价值体系。法律的适用是以价值体系为背景的,判决的妥当性需从原理处获得支持。吴国喆教授在《权利表象及其私法处置规则——以善意取得和表见代理制度为中心考察》一书中的观点如下:权利表象规则是一般法规则,具有弥补法律漏洞的价值。权利表象规则是一般原则的例外,但由于其具有协调信赖保护与私法自治的强大功能,成为保护交易安全最为重要的制度。在具体制度之外,构建一般化规则具有实践意义。设立关于这一规则的原则性规定,可以弥补具体法律制度的漏洞,为具体制度的实践提供借鉴和参考。

关于权利外观理论适用范围的研究,丁南教授在其《民法理念与信赖保护》一书中的观点如下:外观主义作为一项原则,在我国现行民事法律制度中已经有所体现,如善意取得制度和表见代理制度。现行法对外观主义的制度性规定的疏漏体现在三个方面。第一,没有规定债权的表见让与制度;第二,未规定民事主体强制有效制度;第三,在意思表示制度中,欠缺对单方虚伪表示的规定。马新彦教授在其《现代私法上的信赖法则》一书中整理了我国成文法中的信赖法则,认为其在民法中的体现有要约撤销条款、合同成立条款、代表人越权条款、表见代理条款、所有权善意取得条款、担保物权善意取得条款、动产上的从权利消灭条款、土地承包经营权流转登记条款、地役权失权条款、抵押权失权条款、浮动抵押失权条款;在商法中的体现有公司章程效力条款、代表权登记条款、股东名册登记条款、票据抗辩切断条款、合伙事务执行限制条款、有限合伙的无限责任条款等。王焜博士在《积极的信赖保护——权利外观责任研究》一书中对民事主体法、代理法、物权法、债法、家庭法,民法总则中的权利外观责任立法进行了梳理和检视。吴国喆教授在《权利表象及其私法处置规则——以善意取得和表见代理制度为中心考察》一书中认为:权利表象规则的具体表现形态是表见代理和善意取得制度。冯玥博士在《商法中的外观主义研究》一书中的观点如下:我国现行立法中零散的外观主义具体规则应当完善,如外观身份制度、外观商号制度、商事表见代理制度、商事越权行为认定规则、商法上的善意取得等。

关于信赖保护与道德诚信的关系,高金松在《空白票据新论》一书中的观点如下:对外观形成存在原因的人应负责任,信赖者应受保护,是法律生活基于人类相互间的信赖关系所致。权利外观说应属于信赖主义,以法律秩序为最终目的。信赖的意义是以期待他方诚实相待为目的,第三人不知外观与真实有异而信赖,根据信赖应当被以诚相待,合乎第三人信赖外观的期待,欠缺诚实的应当负责,是信赖保护的归责问题。叶金强教授在其《信赖原理的私法结构》一书中的观点如下:社会生活中重要的现代关系需要信赖原理来保障。在传统的熟人社会中,道德机制可以发挥维护合理信赖的功能;而现代社会中道德机制被逐步弱化,于是不断加强对信赖的保护成为现代法律发展的主旋律。马新彦教授在其《现代私法上的信赖法则》一书中的观点如下:信赖原则不能与诚实信用原则等同,信赖原则是私法体系中独立于诚实信用原则的基本原则。信赖原则在本质内涵、功能属性、效力范围等方面与诚实信用原则均有所区别。诚实信用原则重在强调伦理道德方面的要求,而信赖原则旨在提高交易的稳定性和安全性,并为维护交易安全提供法律上的技术手段。王焜博士在《积极的信赖保护——权利外观责任研究》一书中的观点如下:权利外观责任的体系定位是信赖保护体系的一员,信赖保护是诚实信用原则的体现。信赖保护体现了尊重他人利益,以对待自己事务一样的注意和谨慎对待他人的事务,满足对方的合理期待,是诚实信用原则具体化的体现。

关于权利外观理论与禁反言的关系,马新彦教授在其《现代私法上的信赖法则》一书中的观点如下:英美法系有允诺禁反言原则,大陆法系则有权利外观理论下的表见责任法则,两大法系中虽然初始规则源于不同领域,但二者具有共同的正当性根据以及共同的特征与属性,同为契约或法律行为效力瑕疵予以补正的法定性根据。英美法系的允诺禁反言原则与大陆法系权利外观理论下的表见责任法则均为现代法中保护信赖最根本的手段,呈开放性、扩张性趋势。随着时代和法制的发展,规则被聚集于法则中,成为体系庞大的规则群,它们可以被统称为信赖法则。朱广新博士在《信赖责任研究——以契约之缔结为分析对象》一书中,不赞同将英美法上的允诺禁反言等同于大陆法上的权利外观理论的观点,认为权利外观理论与允诺禁反言在产生缘由、规范事实、法律效果以及价值取向上皆存在显著差异。他指出,权利外观理论与事实真相相悖是大陆法外观主义理论的基础;但在英美法上,允诺禁反言或衡平法上的禁反言,不存在意思表示真或假的问题,强调的是允诺者前后一致的行为,意思表示是真是假并非考虑因素。

关于商事登记与权利外观理论的研究,赵万一主编的《商事登记制度法律问题研究》一书中的第五章以"对商事登记的信赖利益保护——权利外观责任"为主题展开论述,主要观点如下:外观主义在商法静态层面的体现主要是商事登记制度,静态层面相对人信赖利益的保护主要依赖商事制度本身对商事信息真实性、合法性等特性的确认,是对公示信息公信力的强制赋予。商事登记中引入外观主义的重要性体现在,法律必须要设计一种制度以保护交易相对人的信赖利益,权利外观责任是信赖利益保护的有效方式。商事登记中的权利外观主义主要体现在两个方面,一是应登记事项未登记的权利外观责任或信赖利益保护;二是不实登记的权利外观责任或信赖利益保护。权利外观责任和信赖利益保护是一个问题的两个不同角度,从行为人本人的角度来讲是权利外观责任,从行为人相对人的角度来讲是信赖利益保护。党海娟博士在《商事登记制度基本问题研究》一书中的观点如下:商事登记的公信效力可以从信赖原理中找到相应的理论依托,商事登记的公信效力需要满足三方面的要件。一是商事登记错误,导致善意第三人产生信赖的表见事实;二是第三人并不知悉登记错误;三是商主体对记载于商事登记簿的表见事实的产生具有可归责性。冯翔博士在其博士论文《商事登记效力研究》中的观点如下:商事登记公信力的理论基础是外观主义,商事登记公信力的确立,是商法上的外观主义在商事登记领域的要求和体现。登记机关将登记申请人的相关商事信息依法定程序登记公示,在公示信息与真实状况不符时,赋予不真实登记事项法律效力,以保护交易相对人对登记事项外观的信赖。商事登记中外观主义以登记事项的外在表征确定商事行为的法律效果,避免登记事项外在表征背后因素对商事行为效果的影响,以确保商事行为的有效性、法律后果的稳定性与可预见性,实现对交易相对人利益的保护。

关于债权转让与权利外观理论的研究,陈自强在《民法讲义Ⅱ——契约之内容与消灭》一书中的观点如下:在让与人通知让与但未让与或让与无效的情形中,让与人以债权让与的通知制造出权利外观,此权利外观与真实状态不相符合。依信赖保护的一般原则,信赖保护以善意并值得保护为要件,但立法者认为债权让与通知,让与人创造出极高的信赖基础,债务人仅需对债权让与通知所指称之受让人为清偿即可。债务人向通知所指称的受让人履行给付,亦可免责。让与人让与的通知,使债务人在信赖保护的主观要件上不以善意为要件,让与人让与通知不仅能使债务人知悉让与的事实,也能启动债务人保护的机制。吴国喆教授在《权利表象及其私法处置规则——以善意取得和表见代理制度为中心考察》一书中的观点如下:债权表象是债务人出具的与真实债权状态不符的债权文书。特定债权是存在权利表象的,证券化债权的持有人并非真正债权人,持有人持有表彰债权的证券,就成为证券化债权表象。

关于代理制度与权利外观理论的研究,陈自强在《民法讲义Ⅰ——契约之成立与生效》一书中的观点如下:本人若以法律行为授予代理权予代理人,代理人以本人名义所为的代理行为,效力直接归属于本人,这与私法自治原则并无违背。但若本人根本未授予代理权予他人,或表示不欲代理人继续行使代理权的意思,本人仍需如同代理权有效存在的状态负起责任的正当化依据,一般求诸权利外观理论。权利外观理论是基于信赖保护思想,属于信赖原则所衍生的重要制度。代理权外观的存在属于本人应该负责的范畴,相对人主张信赖保护,相对人须善意信赖此外观,且其信赖具有正当性,据此信赖而为法律行为,相对人的信赖值得保护。

(三) 对既有研究的评述

从国外的研究现状来看,德国、日本、法国对该理论适用的一般要件具有一致性,所产生的法律后果是外观状态取得真实状态的地位。各国的研究发展进程是从法理基础方面进行研究,之后确定一般化的适用条件,从民事领域具体制度中的适用拓展至商事领域中的适用。在具体制度的适用中,不同国家的学者立足于本国的法律和司法实践中的实际情况,将权利外观理论用于解释成文法,以满足实际需要,在适用方法方面具有成熟的经验。

从我国的研究现状来看,对权利外观理论在适用条件方面的研究具有一定共识,运用法哲学、法社会学和法经济学分析权利外观理论正当性的研究成果较为丰富。在权利外观理论与具体制度的结合方面,大多集中于善意取得制度和表见代理制度方面的研究。商法中权利外观理论的适用散见于各个商事部门法中,尚未系统梳理出商法中权利外观理论的适用方法,亦未形成系统的分类。从国外权利外观理论适用的经验来看,权利外观理论既可适用于解释成文法,也可用于弥补成文法的漏洞以满足司法实践的需求,因而有必要立足于我国成文法,研究权利外观理论在解释我国成文法中发挥的作用,以及如何适用权利外观理论以弥补成文法的不足,从而满足我国司法实践的需要。本书的研究不同于以往以民事制度为中心的研究,更多关注商事交易活动中的适用,拟提炼出一般化的适用规则。

四、研究方法

本书的研究方法包括以下三种。

第一,比较分析的方法。权利外观理论是从国外移植而来的概念,权利外观理论在德国、日本、法国的发展为权利外观理论在我国的研究提供了经验,国外的研究成果是长期积累经验的结果,是研究中的重要借鉴。因此,本书广泛参考国外关于权利外观理论的适用条件、适用方法、适用领域的经验,为权利外观理论在我国的本土化提供理论参考。

第二,法解释学方法。法律的适用离不开法律解释,本书以权利外观理论的商事适用为题,主要研究法律的适用问题,运用法解释学的方法,适用权利外观理论解释成文法中的不足。

第三,实证分析的方法。本书对我国司法实践适用权利外观理论的具体案件进行了分析。笔者结合司法实务现状,分析其中存在的一般性问题,并寻找解决问题的可行性方案。

第一章 权利外观理论概览

第一节 权利外观理论的渊源及发展

一、权利外观理论在德国的发展

19世纪德国学者对于传统物权占有制度及善意取得制度的争论,萌生了德国私法上的权利外观理论。步入20世纪后,为了解决善意第三人与真实权利人的利益冲突,德国法学界的众多学者对价值选择予以法理分析,并结合权利取得的正当性证成,共同努力创造了权利外观理论。大陆法系各国构建了开放性的信赖保护规则体系,形成遍布私法领域的规则群,这些应当归功于权利外观理论。①

(一)权利外观理论在德国的发展进程

1. 韦尔施帕赫的权利外观理论

1906年,韦尔施帕赫在其著作《对于民法

---

① 参见马新彦:《现代私法上的信赖法则》,社会科学文献出版社2010年版,第108页。

上外部事实的信赖》中,提出权利外观的私法理论。这是对动产善意取得的"处分权限说"提出的修正理论。"处分权限说"是德国法上的Gewere(以占有为表现形式的物权支配力)运用于转让人的占有,认为转让人有权利处分他人之物,是基于占有的资格处分他人之物,以使受让人可以取得物权。① 韦尔施帕赫指出,将第三人取得所有权归结于占有人的"权限",是以罗马法中的"任何人让与他人的权利不得大于自己所有的权利"之原则为基础的。韦尔施帕赫的观点是,善意取得人获得保护的合法性是源于其对法律外观的外部要件事实的信赖,而并非因其善意值得被保护。他主张从物权占有说的权利表现形式说,类推扩充的公示思想,展开善意保护理论。② 所有人对他人授予信赖,如他人有不可信赖行为,过失应当由所有人负责的理念,源自日耳曼法的"以手护手"原则,与"您应对授予信赖的地方,寻找您的信赖"的法律格言理念一致。③

韦尔施帕赫认为,近代资本主义经济发达以后,出现了分离第三者的法律地位与第三者所不知或不可知的内部原因之间的关系,以对第三者设定的权利及法律关系的外部表现形式为标准保护交易安全的倾向。④ 动的安全的保护,不应使静的安全的基础产生危殆,即一方受信赖保护而他方受损害。所有权人

---

① 参见高金松:《空白票据新论》,台北,五南图书出版公司1987年版,第56页。
② 参见[日]喜多了佑:《外观优越的法理》,东京,千仓书房1976年版,第198页。转引自马新彦:《现代私法上的信赖法则》,社会科学文献出版社2010年版,第111页。
③ 参见高金松:《空白票据新论》,台北,五南图书出版公司1987年版,第55页。
④ Moritz Wellspacher, Das Vertrauen auf aubere Tatbestande imburgerlichen Recht, 1906 Enleitung 7, S. 115. 转引自[韩]李井杓:《韩国商法上的表见责任制度之研究》,载王保树主编:《商事法论集》,法律出版社1999年版,第447页。

对于表面要件事实的形成具有客观联系。其中心思想是"行为人对于成文法规或交易观念上之一定的权利、法律关系、其他法律上视为重要要素之外部要件事实为信赖,以至于为法律行为时,如其要件由于其信赖保护受不利益人之协助(所有人对表面要件事实的形成具有客观联系)而成立者,其信赖应受法律保护"。① 韦尔施帕赫的贡献在于,以日耳曼法 19 世纪传统物权占有制度思想为立足点,将权利的表现形式拓展至私法的公示思想,对权利外观理论进行了全面的阐述,提出了信赖利益保护的正当性的理论证成,为德国私法甚至大陆法系各国私法制度的构建提供了理论前提。② 韦尔施帕赫认为的适用条件为:具有外部要件事实,这是他人信赖的基础;他人的善意是有道理的,因为外部要件事实为信任提供了客观的基础;受保护的信赖与证明合理性的外部要件事实之间存在一种客观联系,从信赖保护的角度证明所有权人受损害的合理性。

对韦尔施帕赫的权利外观理论,批评的观点是,其对权利外观理论的阐述,在商事登记下的第三人信赖保护方面存在欠缺,立足于动产善意取得制度而回避讨论商事登记下的他人信赖。③ 他论证的所有权人利益受损的理由,在于所有权人怠于将自己的占有行为文书化、现实化,但在表示意思与内心的真实意思发生矛盾的类型中,他认为意思与表示不一致的制度与其

---

① Moritz Wellspacher, Das Vertrauen auf aubere Tatbestande imburgerlichen Recht, 1906 Enleitung 7, S. 115. 转引自高金松:《空白票据新论》,台北,五南图书出版公司 1987 年版,第 57 页。
② 参见[日]喜多了佑:《外观优越的法理》,东京,千仓书房 1976 年版,第 193~197 页。转引自马新彦:《现代私法上的信赖法则》,社会科学文献出版社 2010 年版,第 111 页。
③ 参见马新彦:《现代私法上的信赖法则》,社会科学文献出版社 2010 年版,第 114 页。

学说之间是矛盾的,因为所有权人并不存在而排除了这一类型的适用。商事登记下信赖保护是权利外观理论适用的重要方面,韦氏之理论在适用范围上遗漏了类型。他所认为的构成要件中,本人的归责根据只要求具备外部事实的成立要件,从而将本人的责任几乎绝对化,这一规则原理很快被与因主义的法外观说替代。不可否认的是,韦尔施帕赫在形成全面的权利外观理论方面扮演着先驱者的角色。①

2. 梅耶的与因主义外观理论学说

1909年,梅耶在《德国民法的公示原则》一书中,提出了与因主义原则。梅耶认为不仅占有及登记,凡得为认识一切典型的权利表现形式,皆得为权利推定的基础,亦即发生权利外观。② 梅耶认为,中世纪德国动产法的"以手护手"原则,系与因主义的历史基础,一切物权变动均以物权占有的存在为前提。他所阐述的与因主义的形态是,因被盗窃而丧失占有的动产,权利人需要在诉讼开始时,宣示该动产是违背自己的意思而丧失的,权利的表现形式具有公知的瑕疵。当动产是基于所有人的意思转移于借贷人、寄托人时,公知的瑕疵不能成立,因借用人、受寄人具有权利的外观,第三人基于法律赋予而取得动产的资格。所有人协助动产的外观成立,只能向借用人、受寄人请求返还动产,对第三人没有追回动产的权利。③ 梅耶论证了权利外观理论的两个要件:一是第三人对权利外观产生信赖;二是本人对外观的形成具有与因行为。因动产物权以占有为外观,不动

---

① 参见[日]喜多了佑:《外观优越的法理》,东京,千仓书房1976年版,第197页。
② 参见高金松:《空白票据新论》,台北,五南图书出版公司1987年版,第61页。
③ 参见高金松:《空白票据新论》,台北,五南图书出版公司1987年版,第62页。

产物权以登记的形式作为权利的公示方式，由权利人与因行为导致借用人、受寄人的权利公示外观，而使第三人取得权利，符合正义思想。

梅耶的与因主义的权利外观理论得到自 19 世纪 60 年代便在德国兴起的缔约过失理论的启示。梅耶主张的与因主义公平分配信赖利益损失，与罗马法固守的"任何人不得转让大于自己所拥有的权利"原则相对抗，将以牺牲静态利益为代价而保护当事人信赖利益的正当性归结为对信赖损害发生的与因行为。与过失责任主义不同，梅耶提出的与因主义系"有与因即有归责"的原则，主张公平的分配信赖利益损失须突破或者扩张罗马法的过失概念，对于信赖利益损失，即便没有任何一方当事人有主观过失，但只要对于损害的发生具有可归责的原因，具有该原因的人就应当承担赔偿责任。梅耶对于处分权限说的批评是，善意人从无权利人处取得权利，不是基于无权利人的处分行为的权限，而是由于原权利人的与因行为所致。他将此理论推及于意思表示不一致的场合，认为运用权利外观理论可以解决争议。

梅耶的贡献在于，将与因主义理念贯穿公示原则，运用与因主义与公示思想相结合的方法构建权利外观理论，并将之运用于具有法律意义的外观现象之中。与韦尔施帕赫的理论相比，梅耶的理论具有更为广阔的适用空间。梅耶拓展了韦尔施帕赫认为的适用范围，将权利外观理论运用于有公示外观的现象之中，认为对法律保护的公知的外部要件事实，以及生活中的可识别的法律表象形式，均应适用权利外观理论，以保护信赖利益。梅耶论证了在社会交往之中，法律保护具有公知的外部要件事实的表象，并且不局限于法律规定，对生活中所有可识别的、典型的法律表象形式，只要未采取积极的校正措施排除外观假象,则均可运用推定方法以表象形式推定生活实在。从适用条件上看,将与因主义作为适用条件,强调本人具有可归责的原因,相较于韦尔施帕赫适用条件对本人归责只要求具备外部要件事实为成立条件,要求具备可归责的原因更符合分配信赖利益损失的公平性。在韦尔施帕赫未论证的表示意思与内心意思矛盾的场合,梅耶的与因主义可以解决这一法律行为中的问题。对梅耶的学说进行批判的观点是,梅耶将中世纪德国动产法的"以手护手"原则作为其与因主义的历史基础并不妥当,因"以手护手"原则是以封建家庭经济为基础,而权利外观理论的发展是以符合近代国民经济发展为目的。梅耶将权利外观理论与"以手护手"原则之间以相对正义的思想架桥,是日耳曼法形式主义的表现,将19世纪传统物权占有制度沿革论转用于近代法律外观是不妥当的。①

3. 雅各比的意思表示理论

1910年,雅各比在其著作《意思表示之理论》中认为,外观理论不仅是意思表示法,更是贯彻全私法之基本原理。他以意思表示的表示主义为出发点,认为在法律行为领域也存在行为表象的问题,并指出权利外观理论不仅适用于物权制度,还应适用于行为制度。② 雅各比的观点是,近代私法学侧重个人意思自治,意思表示理论具有个人主义道德理论的背景,法律行为以内心的意欲为法律行为的有效要件,必须出自内心的意思表示,如意思表示欠缺真意,则表示应为无效或不成立。大多数意思表示真意与表示一致,但在表示并非真意而在外观上又有交

---

① 参见高金松:《空白票据新论》,台北,五南图书出版公司1987年版,第65页。

② 参见吴国喆:《权利表象及其私法处置规则——以善意取得和表见代理制度为中心考察》,商务印书馆2007年版,第123页。

易相对人误信的理由时,相对人知悉内心真意困难,以欠缺真意为理由使意思表示为无效,有害交易安全。对于善意无过失的信赖外观的人,应保障交易安全,以保护经济的流通。雅各比的观点属于表示主义理论。① 20世纪初,资本主义经济迅速发展,意思主义从个人本位的意思自治思想转变为表示主义的交易安全思想,成为私法理念变革的一种潮流。雅各比以表示主义的立场为出发点,基于应予表示行为的意思连接的效果观念,具有信赖性的意思表示。意思表示效力发生的根据,是表示行为具有法律的效果意思的观念与信赖的觉醒意图时,从其内心的法律效果意思不存在。②

雅各比的重要贡献在于,其将权利外观理论适用于票据法领域,对日本学者在票据法方面的研究产生重要影响。雅各比将权利外观理论从动产善意取得、登记公示制度延伸至意思表示错误的法律领域,从而使权利外观理论的适用范围扩展至整个私法领域。雅各比对有价证券中权利外观理论的形成颇具贡献,在其代表作《票据法与支票法》一书中对权利外观理论成果予以展开。雅各比在其1956年出版的《票据法论》中,对票据抗辩限制制度的根据是权利外观理论的观点进行了集中阐述。③ 根据其理论,票据上的债权债务依票据授受的交付契约而成立,即使交付契约无效或不存在,对于具有归责性地引起交付契约有效的权利外观的署名人,对信赖这一外观,无恶意或重

---

① 参见高金松:《空白票据新论》,台北,五南图书出版公司1987年版,第66页。
② 参见高金松:《空白票据新论》,台北,五南图书出版公司1987年版,第64页。
③ 参见[日]川村正幸:《手型法学的特色展开》,东京,法学教室1990年版,第29页。转引自董惠江:《票据抗辩论》,中国政法大学2006年博士学位论文,第27页。

大过失的取得人,必须像有效的交付契约一样负票据责任。①

4. 莱德如普对权利外观理论的体系化

莱德如普于 1910 年发表了《权利外观业书》一文。他提出,权利外观在非因本人的意思或过失产生的情况下,存在本人的原因或者本人未对外观的发生具有原因,但因第三人信赖保护有衡平法上的理由时,本人应承担外观责任。莱德如普系统地阐述了真正权利人可归责性的认定规则。他认为,适用条件包括 5 个方面:其一,第三人对外观的信赖不存在重大过失;其二,第三人所信赖的权利外观有法律依据;其三,真正权利人对权利的发生或维持具有故意或过失;其四,真正权利人对外观的存在并无故意、过失,但对外观的存在予以动因,或即使未赋予动因,但第三人有保护信赖的特别事由;其五,外观的信赖者为获取其权利的目的物,提供了自身的价值或财产等。②

莱德如普对权利外观理论的突出贡献在于细化了真正权利人承担责任的认定标准,根据不同情况分别确认因权利外观理论而承受不利后果者的归责事由,发展了权利外观理论的归责要件,系统阐述了真正权利人可归责性的认定规则。

5. 卡尔·拉伦茨的权利表见责任理论

卡尔·拉伦茨在其著作《德国民法通论》一书中提出权利表见责任理论。这一理论以其表示效力说为理论基础。③ 卡尔·拉伦茨在其《法律行为解释之方法——兼论意思表示理

---

① Ernst Jacobi,Wechsel-und Scheckreht,1956,S. 41-143。转引自董惠江:《票据抗辩论》,中国政法大学 2006 年博士学位论文,第 24 页。

② Naendrup, Begriff des Rechtsscheins und Aufgabe der Rechtsscheinsforschung,Heft 11910,S. 4ff. 转引自[韩]李井杓:《韩国商法上的表见责任制度之研究》,载王保树主编:《商事法论集》,法律出版社 1999 年版,第 448 页。

③ 参见[德]卡尔·拉伦茨:《德国民法通论》,王晓晔等译,法律出版社 2013 年版,第 999 页。

论》一书中，反对"意思说"与"表示说"，提出"效力表示说"，认为意思表示作为效力表示，其效力要求的根据，在作为具体法律联系之效力基础的制定法中才能找到，①意思表示应当是法律行为的社会目的在表示动作中的自我直接现实化。②权利表见责任所保护的信赖是由法律行为而发生的有效的拘束或授权的发生或存续的信赖，信赖是根据存在某种相应的权利状态的表象。承担责任的人以可归责于自身而引发了外观表象的人，是能够消除外观表象但并未消除的人；受到保护的人是已经尽到了交易上的合理注意义务而信赖外观表象的人。产生的结果是"有关的法律后果视为已经发生或者继续存在"，即"权利表见责任"。③

卡尔·拉伦茨认为，在法律行为引起责任的情形下，存在"可因错误而撤销表示"的纠正手段，如欠缺作出有效意思表示或作出有这种内容的表示的意思，可以通过撤销，将责任限制在信赖损失的范围内。但是，在权利表见责任中，行为人对超出自己的意思表示应予负责，这是一种扩大了的责任，是对于法律交往中的作为或不作为所承担的责任。卡尔·拉伦茨主张的权利表见责任是在权利外观理论之下的责任形态。权利外观责任仅作为一种特殊的形态出现对自己的行为所产生的信赖负责的原则，与法律行为理论中的自我约束原则通过不同的方式结合在一起，相互对法律交易具有作用。在法律行为理论中，表意人应对可归责于己的意思表示的意义负责，如表意人认为无意作出

---

① 参见[德]卡尔·拉伦茨：《法律行为解释之方法——兼论意思表示理论》，范雪飞、吴训祥译，法律出版社2018年版，第59页。
② 参见[德]卡尔·拉伦茨：《法律行为解释之方法——兼论意思表示理论》，范雪飞、吴训祥译，法律出版社2018年版，第131页。
③ [德]卡尔·拉伦茨：《德国民法通论》，王晓晔等译，法律出版社2003年版，第886页。

法律行为的意思表示时,可以以表示错误为由,撤销意思表示,或只赔偿意思表示的相对人信赖损失。权利外观责任的根据是由法律行为而发生的有效的拘束或授权的发生或存续,与法律行为理论相比的特殊性在于行为的"不可撤销"。在德国法上的适用体现为代理法中的权利表见责任、授予委托代理权的权利表象和委托代理权继续存在的表象、与债权转让结合的权利表见责任、违反指示而填写的空白证书所产生的责任、商人交易中规定缄默,以及票据法中的适用。[①]

6. 卡纳里斯风险主义的权利外观理论

卡纳里斯构建的权利外观责任的要素包括三个方面:第一,外观存在的要件,外观可以通过明示的表示、推断的行为、单纯的容忍产生;第二,信赖第三人的主观要件,信赖第三人在主观上是善意的,第三人作出了相应的处分或者信赖投资,第三人在知悉外观构成和采取处分行为之间存在因果关系,如果有人识破了信赖事实的疏漏或者知道真实的事实,就不符合主观条件,不能要求法律给予保护;第三,外观存在可归责性的要件,他认为对积极行为和不作为都应当优先适用风险原则。风险原则比过错原则要严格,过错原则只设想一个"平均水平"的行为要求,而风险原则是设想相应交易活动"理想的"参加者的行为要求,这首先在商人营业风险的归责问题上显示出实际的效果。[②]风险归责原则是指对于信赖者,造成信赖的人是否"更宜于"承担因误导或在持有证件的情况下滥用所生的危险。风险归责是在构成事实属于义务人的责任范围时,才能正当化基于信赖的

---

① 参见[德]卡尔·拉伦茨:《德国民法通论》,王晓晔等译,法律出版社2003年版,第887~907页。
② 参见[德]C. W. 卡纳里斯:《德国商法》,杨继译,法律出版社2006年版,第147页。

构成事实所生之责任。按照风险归责的逻辑,责任者将表见事实带入交易,他比被误导者更应当承担后果。①

在商事登记领域,卡纳里斯将《德国民法典》第 170 条、第 171 条第 2 款、第 172 条第 2 款以及第 173 条的法律思想,超越这些条款的直接适用领域而进行了一般化的研究,并对《德国商法典》第 15 条第 1 款起到了补充作用。他认为,《德国商法典》第 15 条从法教义学角度解释,都是有关权利外观责任的条款,因为它们都为第三人利益而将权利外观置于和法律事实同等的地位。②

卡纳里斯将民法上的表见代理扩大适用于商法领域。他认为,在商法上适用表见代理时,将自称代理人的后果归属于本人不在于本人的过失,而是因为信赖发生要件的法律外观在本人的风险负担领域中形成,不论本人是否有过失都应承担责任。责任归属者没有认识到自己的行为在交易中所具有的通常意义而作出行为,其外观的作出引起对方的信赖,对产生的风险应承担责任。③

卡纳里斯认为权利外观理论适用于表见债权领域,对赋予信赖的新债权人的保护不应限于《德国民法典》第 405 条④的规定。他主张,"债务人"没有向"债权人"出具债务证书,只是有

---

① Claus‐WilhelmCanaris, Die Vertrauenshaftung im Deutschen Privatrecht, Muenchen Mcmlxxi,1971。转引自叶金强:《信赖原理的私法结构》,北京大学出版社 2014 年版,第 144 页。

② 参见[德]C. W. 卡纳里斯:《德国商法》,杨继译,法律出版社 2006 年版,第 103 页。

③ Claus‐WilhelmCanaris, Die Vertrauenshaftung im Deutschen Privatrecht, Muenchen Mcmlxxi,1971。转引自[韩]李井杓:《韩国商法上的表见责任制度之研究》,载王保树主编:《商事法论集》,法律出版社 1999 年版,第 448 页。

④ 《德国民法典》第 405 条规定,债务人不得向新债权人主张债权关系是虚假的,也不得基于其与原债权人之间有不得转让的约定而主张债权转让无效。

债权债务关系存在或者债权转让限制约定而不存在的口头表示,如果"债权人"将债权转让给新债权人时,"债务人"明知而没有阻止,或者在新债权人的询问下承认债权关系的存在或债权转让限制约定的不存在,他知道而未予阻止或他的承认所造成的外观现象使债权的受让人具有信赖的正当理由,对此信赖应当予以保护,适用《德国民法典》第405条的规定,"债务人"不得以债权不存在或债权转让无效为由向债权受让人主张抗辩。①

卡纳里斯的贡献在于,其在可归责性原则的论述中,提出风险责任归责原理,对其他大陆法系国家研究权利外观理论的适用条件产生了重要影响。对卡纳里斯提出的风险原则批评的观点是,其提出的风险原则过于宽泛,认为表示风险、误导风险、滥用风险、商业组织风险、伪造风险等一系列风险理论,可能会过度地侵蚀传统过失理论的领域,②不应当作为一般的归责原则。也有观点认为,卡纳里斯混同了民法上的风险责任与外观责任。③ 外观所做出的行为并非不法行为,应当具备适合保护交易安全的当事人的归责事由,而风险责任以对任何人来讲在道德上无可厚非的不幸为对象。④ 不可否认的是,卡纳里斯的权利外观理论要件更为明确,内容精准,是影响后世研究的经典之作。

---

① Claus‐WilhelmCanaris, Die Vertrauenshaftung im Deutschen Privatrecht, Muenchen Mcmlxxi,1971。转引自马新彦:《现代私法上的信赖法则》,社会科学文献出版社2010年版,第208页。
② 参见叶金强:《信赖原理的私法结构》,北京大学出版社2014年版,第144页。
③ 参见[韩]李井杓:《韩国商法上的表见责任制度之研究》,载王保树主编:《商事法论集》,法律出版社1999年版,第450页。
④ 参见[韩]李井杓:《韩国商法上的表见责任制度之研究》,载王保树主编:《商事法论集》,法律出版社1999年版,第450页。

(二)德国法中权利外观理论的历史贡献

德国法中权利外观理论产生之初,韦尔施帕赫与梅耶均根据19世纪传统占有制度解释保护交易安全的权利外观理论。在20世纪中后期,德国私法学者不再局限于日耳曼法上的物权占有理论发展权利外观理论,而是从商事交易的自身特性为出发点展开研究。在权利外观理论的发展过程中,适用条件不断完善。外观的存在要件发展,是从韦尔施帕赫认为的动产物权的占有,扩展到梅耶提出的公示登记外观,再到雅各比提出的表示外观,莱德如普又提出法律规定的外观,外观的存在要件的内涵逐渐丰富。在可归责性要件的发展中,韦尔施帕赫提出真正权利人承担损失的正当性源于"所有权人对表面要件事实的形成具有客观联系",梅耶在韦尔施帕赫的基础上加入"与因行为"要件,卡纳里斯在真正权利人归责方面提出风险归责理论,可归责性要件在发展中逐渐完善。可归责性要件的发展体现了交易相对人与真正权利人之间的利益平衡,使真正权利人承担损失更具有合理性。信赖的合理性要件,从交易相对人主观的善意对真实的不明知发展至信赖不存在重大过失,已经尽到合理注意义务并且因信赖作出交易行为,在主观善意判断的基础上增加了应当符合的其他条件。从适用范围上看,韦尔施帕赫将权利外观理论适用于动产善意取得制度,梅耶扩展到登记公示制度,雅各比将权利外观理论扩展适用于法律行为制度和证券制度,卡尔·拉伦茨、卡纳里斯将权利外观理论的适用扩展至商法领域。权利外观理论成为贯彻私法的基本理论,德国法上的权利外观理论对大陆法系各国均产生了影响。

二、权利外观理论在日本的发展

(一) 权利外观理论在日本的发展进程

1933年,日本田岛博士在《民法第192条研究》一文中采纳德国学者韦尔施帕赫、梅耶的权利外观理论,对《日本民法典》第192条动产善意取得进行了理论阐释,自此,权利外观理论引起日本学者的关注。田岛博士的研究在日本权利外观理论研究史上具有重要地位。[①] 1934年冈川健二发表《私法上的外观法理之展开》,对日本民法上权利外观理论的适用和构成进行了拓展性研究。这一时期的权利外观理论的适用条件有4个:一是要求信赖的存在,二是发布公告,三是因果原则,四是法律的要求。田岛博士的划时代工作推动了上述系统的权利外观理论的形成。在日本,早期研究权利外观理论的主要是民法学者,日本的商法学者一直期待权利外观理论在商法中的研究取得成果。

1936年伊泽发表《表示行为的公信力——商法上的禁反言》,以禁反言的理论阐述商法中权利外观理论的适用。伊泽的研究是基于日本面临的经济形势及其对日本法律政策的深刻见解。在第一次世界大战的转折点上,日本经济实现了飞跃性的发展,权利外观理论是在商事交易中为了经济发展而引入的。在第二次世界大战之后,权利外观理论不仅在动产善意取得制度、时效取得制度等领域内有所拓展,而且在商法的领域内也得到适用。德国学者雅各比《票据法论》一书出版后,对日本学界的影响巨大。纳富义光在《票据法的基本理论》一书中的观点是,权利外观理论是多年以来研究票据法的理论基础之一,为日

[①] 参见马新彦:《现代私法上的信赖法则》,社会科学文献出版社2010年版,第125页。

本商法提供了详细的理论基础。① 日本的权利外观理论不应解释德国法系,其适用应立足于日本法律法规,从全面理解现行法律的角度出发,研究现行法律的解释方法。小桥一郎教授发表的《票据行为论》中,对权利外观理论在票据法中的适用进行了阐述。小桥教授对雅各比的观点提出质疑,认为把所有的文义证券以基于权利外观的责任一致对待是否妥当存在疑问。② 在票据法领域适用权利外观理论已被日本学者接受并成为主流。伊藤孝平的《表示行为之公信力》、舟桥的《意思表示的错误》、喜多了佑的《外观优越的法理》等著作的发表,将日本私法中的权利外观理论研究推向巅峰,为权利外观理论在私法领域的全面展开奠定了理论前提。

(二)日本学者对权利外观理论研究的经验

日本的权利外观理论从德国移植而来,在法律移植过程中,日本学者立足于日本的成文法规则和实务问题,将权利外观理论适用于私法中的各个领域。在商法尤其是票据法领域,适用权利外观理论成为主流。日本学者对权利外观理论的研究,与德国学者对适用条件的发展完善具有差别。日本学者从全面理解日本现行法律的角度出发,以权利外观理论作为日本的法学理论基础,将解决现行法律体系中的问题作为中心进行研究。权利外观理论是日本法中的法律移植概念,日本学者将权利外观理论适用于解释日本的成文法,立足于本国实际,以确定权利外观理论作为弥补成文法的法律原则。这是在日本法律体系及成文法规定基础上的研究,虽为法律移植的理论,但其对

---

① 参见马新彦:《现代私法上的信赖法则》,社会科学文献出版社 2010 年版,第 125 页。

② 参见董惠江:《票据抗辩论》,中国政法大学 2006 年博士学位论文,第 36 页。

日本理论的研究,对立法、司法实践所产生的影响,不逊于德国和法国。借鉴日本法律移植概念本土化的成功经验,权利外观理论在我国的研究也应当立足于我国的成文法规定和司法实践。

三、权利外观理论在法国的发展

(一)权利外观理论在法国的发展进程

我国学者对法国法上的权利外观理论的研究成果不多,因此在本部分的研究过程中资料占有有限。以下对罗瑶所著的《法国民法外观理论研究》一书中的内容为主,进行简单介绍。

法律格言"共同错误创设权利",被看作表见代理表述的综合性格言,为使基于共同利益而保护法律关系的安全性不受到威胁,赋予普遍的、共同的错误造成的一般人都可能合理地信以为真的表面现象以效力。[①] 以一般正常人站在受表意人的立场上对外观状态或表意人的表示所赋予的合理信赖为条件,具有最后救济性,只有在其他救济措施均不能使用的情况下,才有"共同错误创设权利"规则的适用。[②] 因"共同错误理论"具有颠覆实证法法律规则秩序的危险,该理论没有在法国被学界正当化,但是,该理论的存在为法国接受德国权利外观理论的影响提供了有利的理论条件。[③]

1910 年,克雷米厄在《外观继承人行为的效力》一书中提出

[①] 参见[法]雅克·盖斯旦、吉勒·古博、缪黑埃·法布赫-马南:《法国民法总论》,陈鹏等译,法律出版社 2004 年版,第 785 页。

[②] Henri Roland, Laurent Boyer, *adages du droit francais*, 4éd, Litec, 1999, n141。转引自罗瑶:《法国民法外观理论研究》,法律出版社 2011 年版,第 30 页。

[③] 参见[日]喜多了佑:《外观优越的法理》,东京,千仓书房 1976 年版,第 319 页。转引自马新彦:《现代私法上的信赖法则》,社会科学文献出版社 2010 年版,第 120 页。

"外观理论"概念,1928年,佐那索在《私法上外观的法律效果》一书中,用"外观理论"取代了"共同错误"概念。埃斯曼和斯瓦蒂亚分别于1921年和1924年以权利外观理论对表见住所赋予信赖的善意第三人利益保护的正当性进行了论证,佐那索将这些成果归纳为"私法上外观的各种法律效果",将《法国民法典》第1321条①作为描述权利外观理论的根据。20世纪30~80年代,权利外观理论在法国法的研究逐渐系统化、深入化。1959年卡利斯·奥洛约翰的《商法上"外观"的定义》、1968年爱德蒙的《法国金融法上的"外观"概念》,尤其是1974年阿尔里的《私法上的外观与事实:事实状态下的第三人保护问题研究》,以交易安全的保障为视角,系统论证了私法上的权利外观。② 20世纪90年代的新研究方向是开始从"事实"与"规范"角度诠释权利外观理论,超越了先前关于权利外观理论源于交易安全保护需要的思考。受欧盟法"合理信赖保护原则"的影响,法国学界对"外观理论"与"合理信赖保护原则"的关系问题开展研究,并将此作为之后的主要研究方向。

1. 以"错误说"和"虚伪行为说"为代表的早期学说

以"共同错误创设权利"的法律格言为研究起点的学者主张,"外观意味着对错误的信赖","错误是外观概念的基本要素之一"。③ 共同错误应当产生权利以保护对交易安全的需要。④

---

① 《法国民法典》第1321条规定,订有变更或废除契约的秘密附约者,仅在当事人之间有效,对第三人不发生效力。

② 参见罗瑶:《法国民法外观理论研究》,法律出版社2011年版,第5页。

③ Jacques Ghestin et Gilles Goubeaux, *Traité de droit civil : introducetion generale*, 3éd, LGDJ, 1990, p. 771. 转引自罗瑶:《法国民法外观理论研究》,法律出版社2011年版,第77页。

④ Arrighi, *Apparence et réalité en droit priv : contribution à l'etude de laprotection des tiers contre les situations apparentes*, Thèse Nice, 1974, p. 583. 转引自罗瑶:《法国民法外观理论研究》,法律出版社2011年版,第75页。

"错误说"因对"错误"是基于客观的"公众的、普遍的、共同的错误"还是主观的"合理的错误",区分为"共同错误说"和"合理错误说"。批判"错误说"的观点认为,错误是权利外观理论的适用要素,而不能称其为外观理论的基础。①

"虚伪行为说"以《法国民法典》第1321条作为外观理论的实证法基础,认为权利外观理论的适用情形符合虚伪行为的法律构成,并同样产生第三人的权利优先于真正权利人的法律后果。在法国法中,"simulation"是指与事务本质不同的虚假但明显的法律行为。行为人行为的目的是让他人信赖存在虚假法律行为,或者隐藏行为人的真实身份。以虚假的外观掩饰法律事实目的,并实现了掩饰的后果。② "虚伪行为说"因"不公正"且"难以实施"受到了米迦勒的批判。"不公正"是指外观理论的主观要件比虚伪行为更为严格。在法国法中,第三人通过"虚伪行为"获得保护只需要"善意"即可,而受到权利外观理论的保护,除要求"善意"外还要求信赖的"合理"。③ "难以实施"是指虚伪行为难以作为权利外观理论"统一的、普遍的"基础;随着20世纪中叶法国法院对权利外观理论适用领域的拓展,虚伪行为在很多场合出现"难以实施"的局限性。虚伪行为制度是外观理念适用的结果,应将虚伪行为纳入广义的权利外观理论范畴。④

---

① Arrighi, *Apparence et réalité en droit priv : contribution à l'etude de la protection des tiers contre les situations apparentes*, Thèse Nice, 1974, p. 585。转引自罗瑶:《法国民法外观理论研究》,法律出版社2011年版,第79页。
② 参见罗瑶:《法国民法外观理论研究》,法律出版社2011年版,第79~80页。
③ Agnès Rabagny, *Image juridique du monde : apparence et la réalité*, 1éd, Dalloz, 2003, p. 265。转引自罗瑶:《法国民法外观理论研究》,法律出版社2011年版,第80页。
④ Agnès Rabagny, *Image juridique du monde : apparence et la réalité*, 1éd, Dalloz, 2003, p. 263-266。转引自罗瑶:《法国民法外观理论研究》,法律出版社2011年版,第80页。

2. 以"过错责任说""风险责任说"和"准合同说"为代表的中期学说

"过错责任说"在立法中的支持是《法国民法典》第 1382 条①的规定。该说主张,信赖权利表象的善意相对人,如果因表象破灭而否定已取得的权利,善意相对人受到损害。而虚假事实的存在是因真正权利人忽略了权利的行使,甚至主动制造了令人误解的虚假外观。真正权利人的过错可能是忽视、过失或者故意误导。② 真正权利人的"可归责的过错"即使不是故意的,也应具有"疏忽"或"懈怠"。③ 要求被代理人或者表见代理人承担法律行为所产生的权利义务,保护第三人通过该行为获得的权利,是对第三人最佳的赔偿方式。④ 对"过错说"的批判源于技术层面缺陷和功能层面缺陷。从举证责任上看,第三人在一些情况中难以证明真正权利人具有"过错"。如利维认为,应该从信赖第三人的角度出发寻找过错,因信赖被欺骗那么就必然存在过错,由此产生相应的民事责任。莫兰认为责任的根源在于真正权利人的行为与第三人错误信赖之间具有相应的因果关系。⑤ 从功能层面上看,权利外观理论不能被归结为责

---

① 《法国民法典》第 1382 条规定,任何行为致他人受到损害时,因其过错导致行为发生的人,应对他人负赔偿责任。

② 参见[法]雅克·盖斯旦、吉勒·古博、缪黑埃·法布赫-马南:《法国民法总论》,陈鹏等译,法律出版社 2004 年版,第 782 页。

③ Agnès Rabagny, *Image juridique du monde: apparence et la réalité*, 1éd, Dalloz, 2003, p. 342. 转引自罗瑶:《法国民法外观理论研究》,法律出版社 2011 年版,第 83 页。

④ Arrighi, *Apparence et réalité en droit priv: contribution à l'etude de laprotection des tiers contre les situations apparentes*, Thèse Nice, 1974, p. 585. 转引自罗瑶:《法国民法外观理论研究》,法律出版社 2011 年版,第 83 页。

⑤ Arrighi, *Apparence et réalité en droit priv: contribution à l'etude de laprotection des tiers contre les situations apparentes*, Thèse Nice, 1974, p. 585. 转引自罗瑶:《法国民法外观理论研究》,法律出版社 2011 年版,第 85 页。

任制度,民事责任制度的功能与外观理论的功能具有深刻的区别。① 权利外观理论具有独立的基础性地位,强化了对信赖和安全的保护,有助于实证法体系的运作,不能将其功能局限于损害填补。② 民事责任与权利外观理论是两种不同的法律安全观念。③

"风险责任说"是解释真正权利人在既无过错又无虚伪行为的情况下应当承担民事责任的理由。有两种情形:"接受的风险"和"创造的风险"。"接受的风险"是指在双方均无过错的情况下,真正的权利人应当与他人一起分担风险。"创造的风险"则认为被代理人通过代理人拓展了行为能力而获得的利益与风险相伴,公司赋予代表人相应的权利,也理应承担相应的风险,实施的商业行为本身即为风险。米迦勒对该学说的批判观点是,"风险责任说"不能解释第三人基于权利外观理论直接取得相应权利的原因。④ 将权利外观理论归为一种民事责任,在技术处理方式上存在缺陷,无法实现权利外观理论的独特功能。

"准合同说"流行于20世纪中后期,基于权利外观理论,与"准合同"在制度形成上均源于法官创设,都属于债的发生原因,适用范围延展性的共同点,通过"准合同"解释权利外观理论。批判该学说的理由在于,权利外观理论的适用并不产生法定的债权债务关系,"准合同"以公平原则为基础,以利益返还

---

① Agnès Rabagny, *Image juridique du monde: apparence et la réalité*, 1éd, Dalloz,2003,p. 343。转引自罗瑶:《法国民法外观理论研究》,法律出版社2011年版,第84页。

② Agnès Rabagny, *Image juridique du monde: apparence et la réalité*, 1éd, Dalloz,2003,p. 348-349。转引自罗瑶:《法国民法外观理论研究》,法律出版社2011年版,第86页。

③ 参见[法]雅克·盖斯旦、吉勒·古博、缪黑埃·法布赫-马南:《法国民法总论》,陈鹏等译,法律出版社2004年版,第784页。

④ 参见罗瑶:《法国民法外观理论研究》,法律出版社2011年版,第79~80页。

为目的,而权利外观理论以信赖的保护为目的,价值取向在于安全。①

3. 以"安全说"为代表的现行学说

随着权利外观理论适用范围的扩张,"安全说"逐渐成为通行学说。与共同错误和合理信赖相对应的,已经不再是保护经济公共秩序的需要,而是一个新的范畴,即安全价值。② 法国学者从个体安全和共同体安全阐述权利外观理论的基础。个体安全分为持有人的安全和取得人的安全,也称为静的安全及动的安全。法国权利外观理论的基础,是动态的交易安全。共同体安全是指个体安全的总和。因社会的首要经济利益在于财富的流转,应当建立动态的商业安全。对动的安全的保护,目的不在于对财富本身的保护,而是对商业法律关系的维护。权利外观理论的基础在于人类的安全需要。③ 强化对第三人的保护,源于公共秩序的需要,源于人的需要。④ "安全说"的提出和确立,使权利外观理论脱离实证法的桎梏,获得法国法上的独立地位,成为调节外观与真实之间冲突的法律机制。⑤

在法国存在适用条件"双重要素说"和"单一要素说"两派对立的观点。"双重要素说"是权利外观理论适用条件的传统学说,该说认为应具备外观的物质要素和外观的心理要素。米迦勒将外观理论适用条件区分为"外观的客体"和"外观的主体",雅克·盖斯旦将适用条件区分为"外观的客观要素"和"外

---

① 参见罗瑶:《法国民法外观理论研究》,法律出版社 2011 年版,第 89 页。
② Michel Boudot, *Apparence*, *Encyclopédie*, Dalloz, n43。转引自罗瑶:《法国民法外观理论研究》,法律出版社 2011 年版,第 98 页。
③ 参见罗瑶:《法国民法外观理论研究》,法律出版社 2011 年版,第 101 页。
④ Michel Boudot, *Apparence*, *Encyclopédie*, Dalloz, n43。转引自罗瑶:《法国民法外观理论研究》,法律出版社 2011 年版,第 101 页。
⑤ 参见罗瑶:《法国民法外观理论研究》,法律出版社 2011 年版,第 99 页。

观的主观要素",二者并无本质的区别。外观的物质要素是指如公证遗嘱、不动产所有权登记、委托合同等书面文书,或者自主占有等主体行为。外观的心理要素,是指善意第三人对外观事实的错误信赖应该是合理的,认为正是客观的物质要素的存在,才使第三人错误地将虚假的外观当成客观的法律事实。20世纪70年代兴起的"单一要素说"是新派学说,认为权利外观理论只需要具备合理信赖的条件。如阿尔里主张"合理信赖是外观理论的唯一标准",①雷诺认为"合理信赖并不是外观的心理构成要素,与此恰恰相反,貌似真实的外观才是合理信赖的构成要素,外观是合理信赖的实体,是合理信赖的物质要素"。②

(二)法国学者对权利外观理论研究的经验

权利外观理论在法国的发展过程是脱离实证法并逐渐在法律上获得独立地位的过程。权利外观理论的基础在于主体对安全的需要,加强对第三人的信赖保护,是源于每个人与他人稳定的法律关系的个体安全与公共秩序安全需求,是政策选择也是形势选择。法国的权利外观理论对于常态法律规则而言,不再仅仅是例外规定,而是具有补充功能,即作为一般意义的规则对法律规则的运行机制发挥矫正作用。③ 从适用范围上看,权利外观理论在法国私法中的适用范围十分广泛,没有哪一个领域

---

① Arrighi, *Apparence et réalité en droit priv: contribution à l'etude de laprotection des tiers contre les situations apparentes*, Thèse Nice, 1974, p. 546。转引自罗瑶:《法国民法外观理论研究》,法律出版社2011年版,第152页。

② Jean-Louis Souriooux, *La croyance légitime*, JCP, 1982, n121。转引自罗瑶:《法国民法外观理论研究》,法律出版社2011年版,第152页。

③ 参见马新彦:《现代私法上的信赖法则》,社会科学文献出版社2010年版,第121页。

能排除它的适用,①包括所有权领域、表见合同效力的认定、表见代理、对被代理人法律责任的认定、表见公司对公司责任和义务的认定、权利的公示或证书在导致第三人信赖而发生的权利义务后果的认定等。② 权利外观理论在法国的发展,是由于19世纪中后期法国步入工业社会后,经济的迅猛发展带来不动产交易的繁荣,为顺应保护不动产交易中的第三人合理信赖以及交易安全的需要而出现的。权利外观理论在法国体现为维护交易安全的价值取向。权利外观理论在第三人利益及真正权利人或外观权利人之间发挥平衡利益的功能,具有公平价值考量。

在适用方法上,权利外观理论具有辅助性的特征,只有当审判者不能从法律条文中找到证明其认为必要的结果时,才能运用这一方式。③ 权利外观理论与其他使法律规定灵活化的矫正机制相同,有破坏法律秩序的风险,因此不应当优先于法律规定的适用,即权利外观理论的适用不能优先于现有成文法。④ 在适用条件方面,从交易相对人符合对外观具有合理信赖即可获得权利的保护,符合主观的信赖和客观存在的外观,发展到通过法官结合具体案情判断适用条件,真正的权利人对外观事实的形成有过错,法官将借此认定第三人的信赖合理,第三人的误解值得原谅;相反,当外观事实形成没有可归责于真正权利人的过错时,法官将严格审查外观事实的存在与否,以及第三人的信赖

---

① 参见[法]雅克·盖斯旦、吉勒·古博、缪黑埃·法布赫-马南:《法国民法总论》,陈鹏等译,法律出版社2004年版,第790页。

② 参见马新彦:《现代私法上的信赖法则》,社会科学文献出版社2010年版,第231~239页。

③ 参见[法]雅克·盖斯旦、吉勒·古博、缪黑埃·法布赫-马南:《法国民法总论》,陈鹏等译,法律出版社2004年版,第790页。

④ 参见[法]雅克·盖斯旦、吉勒·古博、缪黑埃·法布赫-马南:《法国民法总论》,陈鹏等译,法律出版社2004年版,第790页。

是否合理。

四、权利外观理论在我国的发展

(一)权利外观理论在我国的发展进程

21世纪初期,我国学者对权利外观理论的研究著作增多。研究初期,学者们致力于英美法中的允诺禁反言与大陆法系权利外观理论之间的比较研究。比如,马新彦教授在《现代私法上的信赖法则》一书中对英美法中的允诺禁反言和大陆法系的信赖保护进行了比较研究,认为我国信赖体系的构建应当吸收两大法系的共性,构建我国的信赖保护体系。① 朱广新博士在《信赖责任研究——以契约之缔结为分析对象》一书中认为两大法系的信赖保护理论中的内容范围不同,不宜予以比较分析。② 权利外观理论作为法律移植的概念,学者们研究权利外观理论在我国法律体系中的适用正当性基础方面,成果丰富。比如丁南教授在其《民法理念与信赖保护》一书中以"社会利益"为权利外观理论阐述哲学基础,③叶金强教授在其《信赖原理的私法结构》一书中从经济学、社会学、法伦理学的视角阐述权利外观理论的正当化路径。④ 权利外观理论在法律体系中具有重要地位,对这一认识逐渐形成共识。在权利外观理论的适用条件问题上,虽有部分学者认为可归责性要件不应作为抽象

---

① 参见马新彦:《现代私法上的信赖法则》,社会科学文献出版社2010年版,第19页。

② 参见朱广新:《信赖责任研究——以契约之缔结为分析对象》,法律出版社2007年版,第10页。

③ 参见丁南:《民法理念与信赖保护》,中国政法大学出版社2013年版,第102页。

④ 参见叶金强:《信赖原理的私法结构》,北京大学出版社2014年版,第55页。

的共性要件,但大部分学者认为,权利外观理论的抽象共性要件有三项:外观的存在、信赖的合理性、可归责性。在外观的存在要件中,外观分类按照不同的标准有多种分类方法。在其他适用条件的分析上,在具体的适用过程中需要进行综合考量。在学界对权利外观理论的适用条件有基本共识的基础上,权利外观理论如何在我国法律体系中发挥作用,成为学术研究和司法实践关注的重点。吴国喆教授以善意取得与表见代理制度为中心考察权利外观理论,①侯巍博士以财产继受取得为视角考察信赖保护,②王焜博士从民事主体法、代理法、物权法、债法、家庭法、民法总则中的具体条文阐述权利外观理论下的信赖责任。③近几年来,随着我国经济的迅猛发展,学者们对权利外观理论在商法中的地位和作用的研究逐渐增多,不仅是权利外观理论对现行成文法的解释适用进行研究,还有意图构建商法通则的观点,将权利外观理论作为商法基本原则予以定位。如冯玥博士在《商法中的外观主义研究》一书中认为,应在"商事通则"中拟定权利外观理论的一般性条款,并设立外观商人制度、外观商号制度等。④

商事各部门法中对权利外观理论的研究成果,为整体上考察权利外观理论的商事适用问题奠定了基础。关于商事登记制度,李建伟教授等在《有限公司股权登记的对抗力研究》一文

---

① 参见吴国喆:《权利表象及其私法处置规则——以善意取得和表见代理制度为中心考察》,商务印书馆2007年版,第103页。

② 参见侯巍:《民事权利外观的信赖保护——以财产权继受取得为视角》,人民出版社2012年版,第169~190页。

③ 参见王焜:《积极的信赖保护——权利外观责任研究》,法律出版社2010年版,第96~128页。

④ 参见冯玥:《商法中的外观主义研究》,武汉大学出版社2019年版,第164~165页。

中,认为"商事登记公信力的理论基础,离不开商法的外观主义",①并在该文中运用权利外观理论对商事登记的对抗力展开论述。王远明教授等认为法人在虚假登记中存在主观过错,且违反了公司法定的公示义务,应承担不利的法律后果,不得以虚假登记对抗第三人;法人以其真实信息不能对抗第三人是外观主义原则的体现。② 票据法领域,董惠江教授在《我国票据伪造、变造制度的设计——围绕〈票据法〉第 14 条展开》一文中,认为"以权利外观理论令票据伪造人承担责任更有优越性","变造后果的承担仍可适用权利外观理论"。③ 在《中国票据法理念与立法技术的反思》一文中,董惠江教授认为"纵观世界范围内票据法的理论和实践,权利外观理论对于解决非常态票据流转第三人保护的问题是一个上佳的方案"。④ 公司法领域,徐银波副教授在《法人依瑕疵决议所为行为之效力》一文中,认为决议瑕疵的善意相对人获得权利优先保护的理由,"并非仅基于存在权利外观之表象,而是同时基于权利人过错导致权利外观与相对人无过错信赖权利外观之价值判断,从而决定优先保护善意相对人"。⑤

(二)权利外观理论在我国发展的应有方向

权利外观理论在我国的发展进程中,初期是探讨大陆法系

---

① 参见李建伟、罗锦荣:《有限公司股权登记的对抗力研究》,载《法学家》2019 年第 4 期。
② 参见王远明、唐英:《公司登记效力探讨》,载《中国法学》2003 年第 2 期。
③ 董惠江:《我国票据伪造、变造制度的设计——围绕〈票据法〉第 14 条展开》,载《法商研究》2018 年第 2 期。
④ 董惠江:《中国票据法理念与立法技术的反思》,载《环球法律评论》2020 年第 5 期。
⑤ 徐银波:《法人依瑕疵决议所为行为之效力》,载《法学研究》2020 年第 2 期。

中的权利外观理论与英美法系禁反言之间的联系与区别，对权利外观理论的适用条件以及价值内涵方面展开研究。随着权利外观理论研究的深入，民法学者将权利外观理论与我国现有的善意取得制度与表见代理制度相结合，适用权利外观理论解决具体民事法律制度中的问题。权利外观理论的商事适用逐渐显现出类型化趋势，从票据法领域中适用权利外观理论，发展至商事登记制度、商事法律行为制度、公司法领域等。从现行商事适用研究的现状上看，在各个商事部门法领域的研究成果丰富，但少有对权利外观理论在整体商事适用中的归纳，尤其对司法实践中存在的执行异议之诉中适用权利外观理论的现状研究存在不足。从域外法的经验上看，权利外观理论的适用是立足于本国成文法，以解决司法实践中的问题为目的。我国学者对权利外观理论的基础理论方面的研究已基本形成共识，在具体适用方面，民事领域的成果丰富，在商事领域中的适用还未从整体上进行归纳，因此有必要对商事适用进行研究。考察域外法的发展，也是经历了从民事领域逐渐拓展至商事领域的过程，因此，研究权利外观理论在我国商事领域中的适用，符合理论的发展趋势。

第二节　权利外观理论的概念与适用条件

一、权利外观理论的概念

（一）不同称谓的比较

德国学者创设 die Rechtsschein 一词，继而被移植于大陆法系的各个国家。日本学者对此有不同的译法，如权利外观、权利表见、权利假象以及法外观等。自权利外观理论引入我国以后,学者们因研究角度不同,对其称谓也有所不同。

"责任说"侧重研究因权利外观所引发的责任,称之为权利外观责任、表见责任等。此类研究认为权利外观责任等同于外观效力,试图解决外观责任人和外观信赖人两者之间,或包括表见权利人的三者之间的利益与责任负担。① "责任说"认为信赖责任是因信赖而产生的一种表见责任形态。② 有观点批评"责任说"的问题在于将理论研究限定在责任层面是缩小了研究范围,权利外观理论不仅是对责任方面的研究,在创设权利方面研究的意义更为重要,而"责任"概念本身的局限性决定了其不能解释在司法体系中基于同样的理念构建而成的规则群的体系性。③

"规则说"侧重对具体的信赖保护规则的研究,称之为"信赖法则",认为信赖法则是规则的聚合,是规则体系的概括,是法律规定的一般条款。④ "规则说"研究主要从我国现有的"善意取得制度"和"表见代理制度"出发,侧重具体规则条款的完善,认为信赖法则是对法律一般条款的解释,不存在法律的例外规定。

"原理说"侧重从具体信赖保护制度中抽取统一的价值判断,具有弹性及开放性,可以适用个案以求最佳实现,也可以涵

---

① 参见王焜:《积极的信赖保护——权利外观责任研究》,法律出版社2010年版,第23页。
② 参见朱广新:《信赖责任研究——以契约之缔结为分析对象》,法律出版社2007年版,第11页。
③ 参见马新彦:《现代私法上的信赖法则》,社会科学文献出版社2010年版,第348页。
④ 参见马新彦:《现代私法上的信赖法则》,社会科学文献出版社2010年版,第347页。

盖更广阔的生活事实。① "原理说"认为原理可以超越具体的信赖保护制度，在尚未类型化的具体信赖保护制度领域，作为一般条款为合理信赖的保护提供正当化依据，使价值可以在社会生活中得到更为全面的实现。

现行不同学者对权利外观理论称谓的差别，是由于在学术研究中的侧重方向不同所致。因"权利表见"而导致的责任即为"表见责任"，但权利外观理论的作用并不局限于责任的研究，还应有解释现有规则，对成文法无规定时的补充作用，"权利表见责任"限制了权利外观理论功能的发挥与适用范围。"规则说"的部分合理性在于，我国现行成文法规范当中有关于善意第三人利益保护的具体规则，侧重于具体规则的适用，称之为信赖规则可以将散见的规则体系化。但"规则说"局限于成文法中的规定，限制了研究的视野，尤其是成文法在不断变化中，仅立足于已经规定的条文，缺少对应适用而未适用类型的研究。相较而言，"原理说"更有合理性。"原理说"的研究范围不仅在于适用权利外观理论后所产生的责任形态，也包括权利外观理论对成文法规则的解释作用，其具有开放性且包含价值判断，称之为权利外观理论更符合其发挥的作用。

(二)权利外观理论的概念

权利外观理论是法律移植的概念。德国学者韦尔施帕赫创设了权利外观理论的概念，是表示行为人对于成文法规或交易观念上的一定权利、法律关系。其他法律上视为重要要素的外部要件事实具有信赖，以此为基础作出法律行为时，如果要件事实是由于信赖保护受不利益人的协助(所有人对表面要件事实的形成具有客观联系)而成立，信赖应受到保护。在权利外观

---

① 参见叶金强：《信赖原理的私法结构》，北京大学出版社2014年版，第8页。

理论的不断完善和发展中,概念吸收与因主义和风险主义的归责要素、交易相对人的信赖合理性,以及外观形式的多样性。我国学者在对权利外观理论本土化的过程中,有多种对其概念的表述方式。有学者将权利外观理论定义为:交易中凡是能够识别为交易要素的典型的权利、意思、或主体资格等的表征现象(外观),且当外观与交易要素原本真实的状况不相符时,令该交易按通常相符时的有效性评价,发生相同的法律效果。① 也有人将权利外观理论定义为:当行为人基于法律和交易观念,对他人的主体资格、权利表象和表意行为等法律上视为重要因素的外部要件事实因信赖而作出法律行为时,要件事实具有可信赖性,基于信赖所为的法律行为受法律保护。② 或认为权利外观理论是对作出如同某权利或法律关系存在的虚假外观应负有责任的人,应当对信赖该外观的人承担与该外观相应的责任。③ 上述关于权利外观理论的概念界定并未涵盖全部要件。上述概念中有的并未包含交易相对人善意的合理性要素,或仅强调了交易相对人的交易行为和信赖要素,并未体现负担不利益的主体的可归责性,或强调对形成虚假外观负有责任者应当承担责任,并未体现交易相对人的合理信赖。本书将权利外观理论定义为:在交易活动中,行为人善意且合理信赖成文法规或交易观念上的外部要件事实并实施交易行为,承担不利益主体对外观的形成具有可归责性时,行为人基于信赖所为的行为应受保护。

---

① 参见丁南:《民法理念与信赖保护》,中国政法大学出版社2013年版,第38页。
② 参见田土诚主编:《交易安全的法律保障》,河南人民出版社1998年版,第37页。
③ 参见王保树:《商法总论》,清华大学出版社2007年版,第73页。

二、适用条件

（一）外观的存在

1. 外观的概念

域外法中对外观的定义多样，如"外观是指成文法规或交易观念上之一定权利、法律关系、其他法律上视为重要要素之外部要件事实"。① "外观在正常情况系由法律行为而发生的有效的拘束或授权的发生或存续，不仅仅是某项可归责的意思表示，所根据的只是由其他方式产生的、存在某种相应的权利状态的表象。"② "外观不仅可以通过明示的表示，而且通常可以通过推断的行为产生，特别是可以从特别的单纯容忍中产生。"③ "外观是指有意或无意造成的一系列的外在要素的集合，这些外在要素表征某人具有某种身份或权能，由此使得第三人有理由地错误相信该人确实享有这些外在要素所表征的身份或权能。"④ "外观仅仅是指与法律真实相悖的虚像。"⑤我国学者对外观的界定中，包括"外观事实也称为交易上权利或意思的虚像。外观或虚像都体现与真实情况不一致。外观的确实存在，不依主体认识的差异而有不同，因第三人认识有一致性，所以外观事实具有社会性"。⑥ "外观是源于事实法律行为的当事人之间的真

---

① Moritz Wellspacher, Das Vertrauen auf aubere Tatbestande imburgerlichen Recht, 1906 Enleitung 7, S. 115. 转引自高金松：《空白票据新论》，台北，五南图书出版公司1987年版，第57页。

② [德]卡尔·拉伦茨：《德国民法通论》，王晓晔等译，法律出版社2003年版，第886页。

③ [德]C. W. 卡纳里斯：《德国商法》，杨继译，法律出版社2006年版，第147页。

④ 罗瑶：《法国民法外观理论研究》，法律出版社2011年版，第15页。

⑤ 罗瑶：《法国民法外观理论研究》，法律出版社2011年版，第16页。

⑥ 丁南：《民法理念与信赖保护》，中国政法大学出版社2013年版，第181页。

实的事实与外观表现出来的事实不一致,这种不一致,可能是表意人的意思表示导致的,也可能是通过行为人的行为等表现出来的,还可能是通过一系列的事实情况相互印证推断出来的。"①"外观是指通过一定的物理状态加以表述的交易事项的基本情况,是交易事项的外部表现形式。"②

上述对外观的表述多样繁杂。"与真实相悖的虚像是外观"的观点对于外观的表述范围过宽,虚假的情况常常存在,但需要有法律上的事由。不实的陈述在不具有法律意义的情况下,不能作为他人信赖的基础,因为本就不具有信赖的理由,违背常理的陈述也不能产生责任,毕竟以一个正常的理性人的思维进行判断即可分辨,不能成为令人信赖的外观表象。"外观通过容忍中产生"的观点是一种特殊情形下的对于外观内涵的扩展,不能作为一般的抽象要件,容忍、沉默需要在法律规定的情形下,或者通过容忍、沉默能够推断出对权利的积极的表达时,才能认定为属于外观。将外观限定为"对交易事项基本情况的表达"是缩小了外观的概念。将外观定义为"第三人认识的一致性,具有社会性的外观事实"并不准确,外观不应当是社会性的或者以大众的认识判断为准,其应当是客观的,是成文法或交易观念上视为法律要素的外部事实。外观是成文法规或交易观念上之一定权利、法律关系、其他法律上视为重要要素的外部要件事实,这样的观点更为妥当。

2. 外观的特征

首先,外在表现是与法律真实相悖的虚假事实。交易主体

---

① 马新彦:《现代私法上的信赖法则》,社会科学文献出版社2010年版,第282页。

② 侯巍:《民事权利外观的信赖保护——以财产权继受取得为视角》,人民出版社2012年版,第168页。

和交易行为的外在表征如实反映真实状态是追求的理想状态,在实际的商事交易中,表征状态与真实发生分离的情况难以消除。外观是与真实相悖的、错误的权利虚像,传达的是虚假的权利信息、主体资格、意思表示等,因虚像使交易相对人相信表见权利人具有某种权利、能力或意思。

其次,外观的效力具有法律上的原因。外观的概念在法律关系中才具有意义。不发生法律意义的外在表现形式,即使与真实情况不相符也不会产生法律上的责任。

最后,外观的形成方式多样。外观的表现形式可以为登记公示、表意人的意思表示或容忍。外在要素需表征身份、权能或者推断具有的权利,交易相对人信赖的外在表象与真实法律情况相悖。

3. 外观的分类

根据不同的分类标准,可以将外观作不同的划分。如根据交易事项的外在表现形式不同,分为"能力的外观"、"意思的外观"和"权利的外观"。"能力的外观"是指通过身份证明、户口簿或能力瑕疵宣告制度所表征的交易主体的行为能力状态。"意思的外观"是指通过语言、文字等明示方式或行为默示方式,甚至沉默不作为的方式所表征的行为人的内心真意。"权利的外观"是指通过授权委托书、动产占有及不动产登记等方式所表现的交易当事人的权利状态。① 根据是否需要法律的特殊规定,将外观分为"自然的外观"和"拟制的外观"。"自然的外观"指依靠经验和常理判断,"拟制的外观"即法律特别规定

---

① 参见侯巍:《民事权利外观的信赖保护——以财产权继受取得为视角》,人民出版社2012年版,第169页。

的将内在事实向外界宣示的形式。① 从法律关系的要素出发,将外观分为交易主体资格的外观、交易客体权利状态的外观和交易行为中的意思表示外观。② 从外观表象存在的样态区分,分为登记外观表象和非登记外观表象。③ 采用列举式的方法,将权利表象的表现形式分为动产权利表象、不动产权利表象、债权表象、股权表象、代理权表象。④

在上述分类方式中,区分为登记表象和非登记表象能够涵盖所有的权利表象,但非登记表象当中也有进一步区分的必要。采用列举式的分类方法过于分散,不利于集中讨论存在的共性问题。自然的外观其实并不存在,外观应是具有法律意义的,并无自然的、自始存在的外观。从法律关系要素的角度并不能完全将交易行为中的外观和反映客体状态的外观完全分离出来,交易客体与交易行为之间难以泾渭分明。权利外观理论适用的基础和前提是存在法律意义上的外观事实。⑤ 商法主要解决的是商人身份确认、商行为的法律适用等特殊问题。⑥ 在商法中的外观主要体现为商人资格的外观和商事行为的外观。

第一,商事主体的外观。商事主体的外观主要是通过商事

---

① 参见王焜:《积极的信赖保护——权利外观责任研究》,法律出版社2010年版,第103页。
② 参见丁南:《民法理念与信赖保护》,中国政法大学出版社2013年版,第183~202页。
③ 参见冯玥:《商法中的外观主义研究》,武汉大学出版社2019年版,第100~102页。
④ 参见吴国喆:《权利表象及其私法处置规则——以善意取得和表见代理制度为中心考察》,商务印书馆2007年版,第35~47页。
⑤ 参见丁南:《民法理念与信赖保护》,中国政法大学出版社2013年版,第181页。
⑥ 参见王建文:《论我国商事权利的体系化构建》,载《当代法学》2021年第4期。

登记制度实现的。登记制度自产生之日起,就作为一种公示方法存在,之后广泛适用于商事领域。① 无论在大陆法系国家,还是英美法系国家,立法都有关于商事登记制度的规定。商事登记的范围由最初的商主体资格登记,逐步发展到公示商事主体的营业状态。在商事交易的公示方法中,商事登记是最基本也是最重要的一种公示方法。在国家主管机关设立的商事登记制度中,强制商事主体将涉及交易安全的事项进行登记,交易相对人可以通过查阅登记事项,了解商事主体的营业、资信等状况,从而降低交易风险,保障交易的安全性。② 法律规定了商事主体具有如实登记的义务,记载事项可以成为相对人信赖的外观。对于第三人而言,登记、记载事项等具有权利推定的效力,此为商事登记成为权利表象的原因。在发生真实情况与登记外观不一致的情况时,交易第三人对商事登记记载事项的信赖具有合理性。商事特别法规定了商事交易主体的商事登记义务,已经通过登记公示的方式宣告,善意相对人对于公示的信赖具有了法律上的原因,真实的情况不能对抗善意相对人对于商事登记的信赖。

第二,商事行为的外观。在商事领域,各国商事立法对商行为效力的认定,普遍采用以外观内容确定法律行为的效力,而不考虑行为人的内心意思。③ 在商事交易中,经常会出现行为人的真实意思与外观表象不一致的情况,以外观确定法律行为的效力为解决问题提供了途径。如存在瑕疵的公司决议造成的第

---

① 参见陈本寒主编:《商法新论》(第 2 版),武汉大学出版社 2014 年版,第 51 页。

② 参见陈本寒主编:《商法新论》(第 2 版),武汉大学出版社 2014 年版,第 52 页。

③ 参见陈本寒主编:《商法新论》(第 2 版),武汉大学出版社 2014 年版,第 53 页。

三人信赖,公司决议是善意相对人信赖的外部要件事实。在商事交易习惯中沉默视为意思表示的情形中,相对人可以认为一方的沉默具有意思表示的效力,但是以法律有明确规定或双方具有交易习惯为前提。代理权并无法定表征形式,代理权表象有多样化的表现形式。代理权表象的认定,并不能通过简单推理即可完成的,需要全面斟酌当事人的利益、交易习惯等因素进行认定。如与真实权利不相符的授权委托书作为代理权表象,表现为授权委托书中的权限部分空白,或者代理权终止后被代理人未收回委托书,都会造成交易相对人信赖的表象。特定职务的赋予或特定身份的存在,所导致的交易相对人对其应有授权的信赖,比如公司的法定代表人的职位就成为具有公司对外代表权的外观。

(二)信赖的合理性

外观与真实情况不一致时,交易相对人需对真实情况不知情。权利外观理论的目的在于保护交易相对人的信赖利益不受损害,要求相对人主观上是善意的。善意相对人的信赖须具有合理性及法律上的原因,即已经进行了交易行为,且行为与信赖之间存在关联。

1. 对真实情况的不知情

在真实情况与外观不一致时,交易相对人的主观有善意和恶意两种心态,二者是非此即彼的关系,不存在第三种可能性。因此,在认定了一种心理状态时,可以推知另一种状态不存在。在善意的判断标准方面,有观点认为,善意可以理解为不以无过失为必要。[①] 也有观点认为,第三人只有在真实法律状况明显

---

① 参见王泽鉴:《民法物权2:用益物权·占有》,中国政法大学出版社2001年版,第267页。

时才承担损失,仅在有重大误解可能需要特别小心的时候,如信赖状态的存在已经很长时间了,应当预料到有可能出现中途的变换时,才负有进一步审查的义务。① 善意的判断标准,应就交易相对人本意而言,是对特定事实的不知情,而对不知情是否存在过失,是否属于应当发现事实真相而未发现的情形,需要判断相对人的信赖是否具有合理性。

2. 信赖的正当理由

通常认为,第三人应当是一个"理性人"。理性人通常被认为是一个客观上具有处理事务能力的小心谨慎的普通人。② 指向第三人的内心状态,是对于信赖的发生,信赖者是否足够谨慎,是普通市民的标准。对信赖的合理性的判断应当具有客观标准,在具体的案件中,判断第三人的信赖是否合理,应当在第三人所处的位置进行判断。第三人对真实情况的不知的认定,属于事实的认定问题,涉及第三人和真正权利人举证责任的分配问题。信赖合理性的认定直接影响到第三人的利益是否能够获得真正的保护,对第三人苛以查明真实的义务或负担较重的举证义务时,信赖保护的目的难以实现,将违背维护交易安全的目的。

3. 交易关系的存在

从权利外观理论存在的目的和保护的宗旨上看,是对交易安全的保护,因此第三人必须已经作出相应的处分或者信赖的投资。第三人在主观上相信了外观,并且基于信赖进行了商事交易。

---

① 参见[德]C. W. 卡纳里斯:《德国商法》,杨继译,法律出版社2006年版,第146页。

② 参见罗瑶:《法国民法外观理论研究》,法律出版社2011年版,第177页。

4. 交易行为和信赖之间存在因果关系

对于外观的知悉和采取交易行为之间需要具有因果关系,第三人在活动中需受到了外观的影响。此种情况下,对外观的存在承受不利益的人,若提出反证证明第三人知悉真实法律状态,则可免责。

(三) 可归责性

1. 可归责性应否成为一般抽象要件的争论

归责是指确定应承担不利法律后果的主体,即责任的归属。可归责性是指在一定归责原则之下,使主体承担责任的理由。[①] 可归责性应否成为权利外观理论的一般抽象要件,学术中存在争论。有学者认为,可归责性不应为权利外观理论的一般抽象要件,只宜作为具体规则设计时酌情考量的个性因素,并不属于共性因素。理由是:第一,可归责性将对法律和整体秩序的呵护程度大打折扣,权利外观理论是为了整体秩序而牺牲个别秩序,是为了保护整体利益而牺牲公正,从有利于经济发展的角度看,交易安全和交易秩序的维护应为首位;第二,社会发展的多样性、复杂性,使善意第三人判断责任者是否存在可归责性的难度增加,将可归责性作为共性因素会与权利外观理论保护善意第三人信赖利益的宗旨相悖;第三,不存在可归责性而符合其他共性要素时,仍有对善意第三人予以保护的必要。[②]

将可归责性排除于一般抽象要件之外不具有合理性。首先,权利外观理论对于整体秩序的维护并不是以牺牲个体秩序为代价的,个体利益的受损应当具有原因,对于一个尽到注意义

---

① 参见刘晓华:《私法上的信赖保护原则研究》,法律出版社 2015 年版,第 121 页。

② 参见刘保玉、郭栋:《权利外观保护理论及其在我国民法典中的设计》,载《法律科学(西北政法大学学报)》2012 年第 5 期。

务保护个人利益的主体，利益受到损害不具有正当性，即使是为了社会整体而牺牲个人利益也是对个人利益的破坏，是不可取的。在整体利益的维护中，承担损失的个体利益应当具有法律上的原因，或者其怠于履行义务，或者是由于他的疏忽而造成了他人的损失，据此承担责任才具有正当性，更符合个人利益的保护与社会利益之间的兼顾原则，对其责任的判断即是可归责性。其次，上述观点认为由善意第三人判断责任者的可归责性是不正确的。在可归责要件中，根据不同的情况主体所负担的证明善意的义务不同，承担不利益的主体如果能够举证证明自身不存在可归责性的情况下，可以对抗交易相对人，认为其不构成善意，从而无须承担责任。可归责性是在交易第三人与承担不利益主体之间重要的衡量因素，是在二者利益之间的比较权衡，需要通过诸多因素考量，并寻求与个案情景相契合的妥当性。对任何一方正当利益的忽视，会阻碍妥当的裁决和判断。责任者的可归责性和信赖的合理性在比较权衡后，为最终的裁决作出参考。最后，交易相对人对外观具有合理的信赖时，如果不存在可归责性要件，即使具有第三人信赖利益保护的理由，但不能由未造成其信赖的主体承担责任。可归责性应当作为权利外观理论的一般抽象要件，从可归责性的功能上考察，可归责性的功能是与私法自治的兼顾。信赖原则与私法自治之间协作，表现为在适用信赖原则的同时，需要满足自身责任的要求。对交易相对人信赖的保护应有合理性，对于不具有可归责性的主体而言，无须对交易相对人的信赖负责，这符合法律的公平价值考量。

2. 归责原则的类型

关于信赖责任的归责原则的类型，德国法上有诱因原则、过失原则和风险原则。诱因原则也称惹起主义或与因主义，是指法律外观因当事者而形成就认定其责任。对法律外观的形成造成原因的人应当无条件承担责任，本人的过失并非外观成立必备的归责条件，而是本人自己为外观的形成提供了原因。过失原则也称过失责任主义，是指责任归属者作出法律外观时认定其责任，外观的责任要件要求有过失。① 外观即使不依本人的意思或过失，有本人造成原因或本人即使没有提供外观发生的原因，而存在必须保护第三者信赖的理由时，本人的表见责任成立。② 风险原则，是指责任者将表见事实带入交易，被误导者信赖的构成事实属于义务人的负责范围，责任者比被误导者更应承担后果。③ 风险原则比过错原则要严格，并不只是设想一个平均水平的行为要求，而是设想交易活动中理想的参加者的行为要求。④ 在法国法上，在最早使用信赖法则时，强调外观形成的过错，认为在真正权利人因过错引起第三人合理信赖的外观事实时，为了保护合理信赖，对该外观事实形成有过错的人，需对合理信赖的第三人承担责任。20世纪中期，"有过错外观"不再被认为是适用信赖法则的构成要件，如果真正权利人对外观事实的形成有过错，法官将借此认定第三人的信赖合理，如果外观事实的形成没有可归责于真正权利人的过错时，法官将严格

---

① Staudinger Conig, Kommentar zum BGB, 1, Bd, 11, Aufl. 157, zu116, Rdn3e。转引自[韩]李井杓:《韩国商法上的表见责任制度之研究》，载王保树主编:《商事法论集》，法律出版社1999年版，第466页。

② Naendrup, Begriff des Rechtsscheins und Aufgabe der Rechtsscheinsforschung, Heft 1(1910), S. 4ff。转引自[韩]李井杓:《韩国商法上的表见责任制度之研究》，载王保树主编:《商事法论集》，法律出版社1999年版，第466页。

③ Claus-WilhelmCanaris, Die Vertrauenshaftung im Deutschen Privatrecht, Muenchen Mcmlxxi 1971, S. 476。转引自叶金强:《信赖原理的私法结构》，北京大学出版社2014年版，第144页。

④ 参见[德]C. W. 卡纳里斯:《德国商法》，杨继译，法律出版社2006年版，第147页。

审查外观事实的存在与否,以及第三人的信赖是否合理。①

我国学者对归责原则的研究中,"过失责任说"认为,过失的情况下,将损失的发生视为风险,行为人是最佳的风险规避者。许多风险是行为人可以预见并可以避免的,故由行为人承担是一种过失责任的体现。据此认为应当以过失责任为原则,在例外情况下适用风险责任。②"风险责任说"认为,风险原则弥补了过错原则及惹起原则存在的缺陷,过错原则对交易相对人或者第三人的信赖保护标准过高,与因原则要求信赖与行为之间的因果关系,使与因主义受制于外观的可信赖程度和行为之间的因果关系。风险原则是只要交易行为人的行为具有造成交易相对人或者第三人信赖的危险,即应承担法律责任。③风险责任是商法体系发展的当然结论,因社会运行效率提高所必然伴随的风险,任何引致或者利用了风险的人就应当承担因追求效率所造成的风险。④"个案分析说"认为,应当综合不同情况选择归责原则。当静态安全与动态安全之间的冲突带有经济属性时,适用诱因责任说和风险责任说,当静态安全与动态安全之间的冲突具有伦理道德属性时,适用过失责任说。⑤"统合说"认为,存在与因可直接以积极行为作成外观作为归责事

---

① Eleonora Rajneri, «Il principio dell' apparenza giuridica», in *Rassegna di diritto civile*, 1997, 2, p. 331-333. 转引自马新彦:《现代私法上的信赖法则》,社会科学文献出版社 2010 年版,第 289 页。

② 参见叶金强:《信赖原理的私法结构》,北京大学出版社 2014 年版,第 144 页。

③ 参见冯玥:《商法中的外观主义研究》,武汉大学出版社 2019 年版,第 115 页。

④ 参见张雅辉:《论商法外观主义对其民法理论基础的超越》,载《中国政法大学学报》2019 年第 6 期。

⑤ 参见侯巍:《民事权利外观的信赖保护——以财产权继受取得为视角》,人民出版社 2012 年版,第 194 页。

由,因过失作成外观无需考虑风险支配力即可完成归责并实现信赖保护。风险归责的适用前提为当事人不存在故意或过失,应否承担责任需结合距离风险的远近、规避风险的大小和控制风险的程度。①

3. 风险归责原则的合理性

在对归责原则的不同观点中,与因原则不考虑本人的主观因素,在客观上对交易中重要事项的外在表现形式赋予了原因即应承担法律后果,此种归责方式使本人承担法律后果的范围过于宽泛。② 过失原则是在与因原则中加入了主观因素考量,外观是本人的故意或过失形成,在真正权利人无过失时,过失原则无法平衡动态安全与静态安全的利益冲突。③ 随着社会的发展进步,应当承担责任的行为难以全部适用主观过失的标准衡量,对于客观上不当的行为,存在行为人不存在主观过错的可能。④ 真实权利人可以防止外观的产生与存在,却放任外观的存在,与过失无关。⑤ 对于在商事交易活动中,因疏忽造成的外观形成,当信赖外观表象的信赖主体具有保护的意义时,适用过失原则跟与因原则均不能对责任者承担责任给予恰当的解释。风险原则以对风险的可支配性作为确定承担法律后果的依

---

① 参见王焜:《积极的信赖保护——权利外观责任研究》,法律出版社 2010 年版,第 136 页。
② 参见仝先银:《商法上的外观主义》,人民法院出版社 2007 年版,第 68 页。
③ 参见侯巍:《民事权利外观的信赖保护——以财产权继受取得为视角》,人民出版社 2012 年版,第 191 页。
④ 参见吴国喆:《权利表象及其私法处置规则——以善意取得和表见代理制度为中心考察》,商务印书馆 2007 年版,第 174 页。
⑤ 参见吴国喆:《权利表象及其私法处置规则——以善意取得和表见代理制度为中心考察》,商务印书馆 2007 年版,第 180 页。

据,控制或支配风险的应当对造成的外观信赖负责。① 在风险原则中,不利益的负担与主观过错无关,是责任的一种风险的分配。② 适用风险原则,能够对因疏忽造成的外观的责任分配给予合理的解释,责任者导致了第三人被误导的风险,并且他比被误导者更应承担后果,作为解释其承担责任的依据,即使责任人未作出违反法律的事情,但是因其将表见事实带入交易时,应对自己的风险负责。根据风险归责原则,在不同的法律关系中,义务人所应负担的义务并不相同,从可归责性上考量,应当判断善意相对人和义务人谁距离"权利表象"更近一些,距离避免风险发生更近的主体应当承担责任。如果善意相对人只要稍加注意就能发现真实情况,与义务人即使极尽注意义务也无法避免之间,认为善意相对人的信赖就不具有合理性的因素。如他人将公司锁入保险柜的公章盗窃,用于与交易相对人签订合同,交易相对人不存在长期交易信赖或授权信赖情况下,交易相对人在避免公章造成的信赖与公司已经付出最大的注意义务但仍不能避免之间,交易相对人进行审查所付出的成本要更低,认定第三人的信赖并不具有合理性更符合该案中的可归责性判断。在商事登记错误造成善意相对人的信赖问题上,登记义务人可以避免登记事项发生错误,并且对于发现登记错误后采用纠正的成本更低,而对于交易第三人,去核实登记信息是否正确则需付出更大的成本,要求交易相对人一直关注登记信息的变更对于第三人来说更为困难。在登记错误的情况下,登记义务人对于避免这种错误付出的成本更小,他应当对第三人的信赖承担责任。

---

① 参见王焜:《积极的信赖保护——权利外观责任研究》,法律出版社 2010 年版,第 135 页。
② 参见丁南:《民法理念与信赖保护》,中国政法大学出版社 2013 年版,第 222 页。

双方对于避免风险的发生的责任相当时,就要通过社会经济生活当中谁的利益更应当获得优先的保护进行衡量,需要运用价值判断。当外观造成的信赖属于义务人负责的范围时,可以避免风险却不作为而放任风险发生的时候,义务人承担责任具有正当性。

第三节 权利外观理论商事适用的法价值评价

法律本身是一个旨在实现价值的规范体系。① 秩序、正义、自由、公平、效率、安全等是法的基本价值。法律的调整范围和法律职能的差异性,决定了不同领域的法的价值理念具有差异,不同法律制度所体现法的基本价值的侧重有所不同。商法的价值在于维护交易秩序、提高交易效率、维护社会公平,以满足商事主体和经济发展的需要。法的安全价值、效率价值和公平价值是商法应然的价值选择。权利外观理论适用于商法中,应与商法所追求的价值一致。

一、安全价值

(一)法的安全价值的含义

法的安全价值是指法律具有满足人们对现有利益能够持久、稳定、完整存在的心理企盼。安全是人们享有的生命、财产、自由和平等的状况稳定化并维持下去。法的安全价值具有多种层次的含义。从立法的层面上看,要保护生命安全、财产安全和人身安全。在私法的层面上,是权利能够得到有效实现的安全

---

① 参见[美]E.博登海默:《法理学—法律哲学与法律方法》,邓正来译,中国政法大学出版社2017年版,第218页。

感,法律能够满足人们对于法律后果的预见性;反之,如果法律无法满足人们对于法律后果的预见性,法律变得捉摸不透,裁判标准各异,无法预期行为的后果和可能性,则是损害了人们的安全需要。从安全价值的实现层面上说,需要法律规定保障人们期待的安全能够实现。

从稳定交易安全的角度出发,可以分为静的安全和动的安全。静的安全是法律对享有的利益加以保护,着眼于利益所有的安全。动的安全是法律对依自己的活动获得新利益的取得行为加以保护,着眼于交易的安全。① 静态的利益,即归属性利益,它决定利益在不同主体间分配的结构、状态、形式和格局。新的静态利益关系形成的流转过程及有效性,则是动态安全。在静态上未获得法律保护的利益,不会产生与之相关的流转的动的安全。②

从保障公共秩序的角度出发,可以分为个体安全和公共安全。个体安全是保护具体法律关系中的个人利益,公共安全是保护由个体构成的整体社会的利益。个人权利的社会化意味着公共利益与个体利益同样重要,个体安全应当放置于整个社会利益之中,而不应是孤立地考察。从个体角度出发,每个人都可能成为与他人交往的交易相对人或者第三人,保护交易相对人或者第三人的信赖利益有利于经济公共秩序的稳定,同时也是对大众交易安全需要的回应。

(二)商事法律关系中的安全需求

民事活动与商事活动的特点不同。在单一的民事交易活动

---

① 参见郑玉波:《法的安全论》,载刁荣华主编:《现代民法基本问题》,台北,三民书局1982年版,第1页。
② 参见丁南:《民法理念与信赖保护》,中国政法大学出版社2013年版,第131页。

中,以满足民事主体个体需要为目的的交易,不具有广泛的牵连关系,一个交易出现问题并不会与其他的交易关系产生影响。在民事审判实践当中,"实质重于形式的原则"可以让民事案件的处理更加公平,并且追求权利的实质也有益于对真正权利人的保护。但是在商事交易活动中,追求权利的实质,并不符合交易安全的需求。如某一链条因追求实质真实而发生的效力瑕疵会影响后续的交易,整个交易过程都会呈现出不稳定、不安全的状态。因此,在商事法律关系中,更加注重以外观为准。

(三)权利外观理论所体现的安全价值

权利外观理论在外观与真实不相符时,考量善意相对人的合理信赖,使其交易目的得以实现,保护交易安全,体现了法的安全价值。在法律规定并不明确的时候,运用权利外观理论解决法律适用的问题,可以保护善意相对人的信赖利益,有利于裁判标准的一致性,可以达到实现法的安全价值的目的。权利外观理论对信赖的保护,是使交易相对人确信在审查外观后,取得的权利不会有风险,获得行为的动力。权利外观理论在商事交易中的适用符合商事交易主体对安全的需求,权利外观理论所蕴含的法的安全价值,与商事交易关系所追求的安全价值具有一致性。

二、效率价值

(一)效率价值的含义

法的效率价值具有两个层面的含义:第一层面是法的效率价值在法本身的体现,法律调整的实际状态和结果与法律社会目的之间的重合程度,法律调整结果体现了法律的社会目的,证明法律的效率高,反之,法律调整的结果与法律的社会目的相背离,则法律的效率低;第二层面是保障和促进社会效益,以较小的投入获得较大的收益。① 在法律程序中,效率价值体现为解决纠纷的程序效率,关注降低司法程序成本。从立法的角度上考察,应以精简的法律条文规范同一类行为。比如分散在《民法典》各编和商事特别法中善意相对人利益保护的条文,存在善意相对人标准未细致规定的共性问题,若增加总则性的规定,解释所有条文中善意第三人应当符合的条件,就更符合效率价值。在商事交易过程中,追求效率是商事活动的需要,造成了其他成本的增加,同样为违反效率价值。效率价值的判断是将主体需求、社会发展、立法、司法、执法作为统一整体予以考量,为满足经济的效率而增加司法成本、执法成本或者其他主体的成本同样是不可取的,是违背效率价值的。在采取任何行为时,不仅要看实际效果,还要看为实现这一结果社会所付出的代价。②

(二)商事交易法律关系中的效率需求

从商事主体的需求上看,商事交易主体具有交易迅速便利的需求。交易相对人希望与商事主体之间对信息的占有尽可能一致。从商法的实施效果上看,需要以较低的制度成本实现较大的实施效果。尤其在法的实施过程中,应当提高解决问题的效率,降低法律程序的成本。

(三)权利外观理论所体现的效率价值

在商事交易过程当中,对于交易相对人来说,查清真实信息的成本高、难度大,法律确定以外观状态判断真实的情况,减轻了交易相对人的负担。权利外观理论以保护交易相对人的信赖利益为宗旨,有益于交易的快速进行,是通过节约信息成本提升交易效率。对谨慎的行为人提供保护,可以减少交易相对人的

---

① 参见公丕祥:《法制现代化的理论逻辑》,中国政法大学出版社1999年版,第129~130页。

② 参见杨震:《法价值哲学导论》,中国社会科学出版社2004年版,第216页。

调查活动,促进交易迅速完成。权利外观理论从外观形成义务人是否具有可归责性进行判断,免去了追求实质真相的成本,有利于法的效率价值的实现。

三、公平价值

(一)公平价值的含义

公平是社会生活中一种理想的目标。公平依赖的基本条件是,客观存在的多元主体之间存在不同的利益,人们需运用理性的认识平衡协调各方关系。保障公平、实现公平是法律的重要任务和理想。法律要确保的是主体地位上的公平、财产保护上的公平和责任分担上的公平。

(二)商事交易法律关系中的公平需求

商事交易关系中,交易双方存在不同的利益需求,利益的冲突和矛盾导致不同主体为了谋求更多利益的实现而进行斗争。公平价值的考量是为了合理、妥善地解决纠纷,调整不同主体之间的利益需求。创制规则的目的是应对和满足生活的需要,不能毫无必要地、毫无意义地强迫某一方受一个过于刻板的法律制度的拘束。商事交易需要规则指导如何适当地分配利益和负担,以使形成某一方承担责任更符合公平需求的判断。

(三)权利外观理论所体现的公平价值

权利外观理论在真实权利人的可归责性与善意第三人信赖合理性之间进行比较,以权衡利益取舍,确定应当保护的利益主体。可归责性影响的是责任者承担责任的正当性,信赖合理性影响的是信赖者利益保护的正当性。[1] 在个案中,信赖合理性的程度越高,可归责性的程度也就越高,相应地应当保护交易相

---

[1] 参见叶金强:《信赖原理的私法结构》,北京大学出版社2014年版,第150页。

对人的利益;反之,信赖合理性的程度低,可归责的程度就低,相应地应当保护真正权利人的利益。权利外观理论在善意第三人信赖的合理性与真实权利人可归责性之间进行比较,以确定利益保护的优先性,体现了法的公平价值。

第四节　权利外观理论的定位

权利外观理论引入我国后,对其定位在学术研究中具有不同的观点。"诚实信用说"认为,权利外观理论所包含的信赖保护理念,体现了尊重他人利益,需谨慎对待他人事务以满足对方的合理期待,是诚实信用原则的具体化体现。[①]"信赖保护说"的观点是,权利外观理论下的表见责任形成的规则是以信赖原则为准则而构筑起来的规则体系,是独立于诚实信用的基本原则。[②] 针对上述对权利外观理论定位的不同意见,本书拟从"诚实信用说"与"信赖保护说"的核心要义分析出发,以之为基础,明确权利外观理论的定位。

一、诚实信用说

权利外观理论应否纳入诚实信用原则,首先需明确诚信原则的核心要义。在我国法律体系中,诚实信用原则是将伦理学中的诚实信用纳入法律中,是道德观念法律化后的产物。我国立法与学界公认诚实信用原则在民法中的重要地位,《民法典》

[①] 参见王焜:《积极的信赖保护——权利外观责任研究》,法律出版社2010年版,第71页。

[②] 参见马新彦:《现代私法上的信赖法则》,社会科学文献出版社2010年版,第349页。

第7条中规定了诚实信用原则,其作为一项法律原则得以确定下来。诚实信用原则包括主观诚信和客观诚信:主观诚信是一种心理状态,要求主体确信其行为符合法律及道德;客观诚信是一种行为规则,要求主体忠实履行义务,义务具有明显的道德的内容。① 判断权利外观理论应否归属诚实信用原则,需分析诚实信用原则能否包含权利外观理论的构成要件,是否与权利外观理论保护信赖的宗旨一致。如果权利外观理论的适用条件不能被诚实信用原则涵盖,则不应归类于诚实信用原则。

有观点认为权利外观理论是诚实信用原则的具体化,以诚实信用的主客观诚信说分析权利外观理论的主观要件与客观要件。从主观诚信上判断,信赖应当没有瑕疵,受保护一方在主观上不能为轻信或者盲信。② 合理信赖与主观诚信相一致,是对主体的内在要求,是主观诚信在信赖保护中的具体化。从客观诚信上判断,客观诚信是真正权利人为私利而将他人置于易受表象蒙蔽的地位,是滥用权利、违反权利限制而导致的责任,违背了客观诚信的行为规范。反对将权利外观理论归类于诚实信用原则体系的观点认为,权利外观理论是一种旨在提高法律行为交易的稳定性的法律技术手段,没有法律伦理方面的基础,不以道德规范约束交易行为的参与人。诚实信用是强调主体履行道德观念中的义务,而权利外观理论中的各方主体的义务并不完全取决于道德观念。权利外观理论以指导立法者和执法者保护信赖为目的,而诚实信用强调内心状态的善意以达到平衡外部关系的目的,二者在适用领域以及调整方式上有所不同。③

---

① 参见徐国栋:《诚实信用原则二题》,载《法学研究》2002年第4期。
② 参见王焜:《积极的信赖保护——权利外观责任研究》,法律出版社2010年版,第71页。
③ 参见叶金强:《信赖原理的私法结构》,北京大学出版社2014年版,第76页。

笔者认为,权利外观理论所保护的交易相对人需要具备主观上的善意,其中包含的道德要求,不能为恶意。诚实信用原则所体现的是道德评价,作为道德义务是个人的内心反应,而法律不是个人的内在行为,是与外部行为有关。作为法律的规范意义必须具备内部规范性,但是在实证法中法律义务始终有确定的边界,而道德义务则没有这种外部的联系。权利外观理论中涵盖的道德评价是判断受保护的第三人主观善意。在权利外观理论所适用的商事交易关系中,除第三人以外还存在其他主体,采用可归责性判断真正的权利人是否应当承受不利益,并非基于道德的考量,而是体现法的技术性。将权利与义务划分边界,分配举证责任义务以确定不同主体利益的优先性,明显与道德评价不同。在交易关系中,主体为双方或多方法律关系,权利外观理论对善意的要求并非及于全部主体。善意的要求只对受保护人一方要求,而受不利益者无须考察主观因素,在道德上是否诚信并不影响其义务的承担,而是考察是否具有可归责因素,这样的归责有时是一种风险分配,与道德无关,是从社会经济发展与交易秩序维护方面的考量。若行为人因自己的疏忽造成权利外观的形成而令第三人信赖,自与诚信与否无关。因此,权利外观理论不能归类于诚实信用原则之下。

二、信赖保护说

信赖保护说的观点是,权利外观理论符合效力的普适性和内容的根本性,对具体法律制度能够起到根本性的指引作用,应当直接纳入基本原则体系。[①] 从适用领域考察,权利外观理论在我国的适用范围广泛,适用于《民法典》总则编中的主体制

---

① 参见侯巍:《民事权利外观的信赖保护——以财产权继受取得为视角》,人民出版社2012年版,第208页。

度、法律行为制度、财产关系与人身关系领域等。任何事物都存在内容实像与形式虚像的分离,信赖保护的问题即普遍存在,且具有普适性。从内容上考察,权利外观理论的构成要件相互制衡,形成完整自洽的理论体系,当存在外观与真实发生分离,需要对动态安全与静态安全进行比较时,可以提供理论支撑,在内容上具有根本性。基于此,权利外观理论应当被设计为民法中的基本原则。反对将权利外观理论直接作为基本原则的观点是,以规则体系的庞大及涉猎领域的广泛而称之为信赖保护原则,是犯了混淆概念的错误。如果这样的逻辑被认可,可以将公平原则确立的诸多规则统称为公平原则。权利外观理论尽管使用领域广泛,规则众多,但不是法律规则的基础性或本源性的原理和准则,不能上升为信赖原则。[①]

笔者认为,以权利外观理论在实体法中规范数量多、适用范围广泛为理由,论证其应为法律原则存在不足。法律原则是法的宗旨和精神品格,反映了社会的根本价值和发展趋势。法律原则应考察其是否反映了根本的价值需要,是否反映了社会的发展趋势。应从权利外观理论与社会发展趋势之间的关系出发,将信赖保护与法律所追求的价值作为考察中心,以论证其正当性。

三、权利外观理论应为商法的一般原则

商事关系与一般民事关系的差异,使权利外观理论在民事领域中的适用是一种例外情况,而在商事领域中的适用成为一种普遍原则。[②] 在商事领域普遍适用的基础是商事交易关系的

[①] 参见马新彦:《现代私法上的信赖法则》,社会科学文献出版社 2010 年版,第 349 页。

[②] 参见全先银:《商法上的外观主义》,人民法院出版社 2007 年版,第 21 页。

特殊性。商法所调整的商事交易关系大多体现为连续性交易和复杂性交易,商事交易主体的营利目的要求商事交易流转迅速,交易结果及时确定,对交易效率、交易安全的需求更高。

首先,权利外观理论维护商事交易活动中善意相对人的信赖利益,调整商事交易关系的法律规定的根本目的与权利外观理论的宗旨具有一致性。在商事交易活动中,众多的单一交易形成交易链条,交易链的延展形成局部交易、行业交易甚至牵连社会整体的交易,每一次交易行为都是整体交易网络中的一部分,任何一个环节出现问题,就会导致整个交易出现障碍。在商事交易活动中,否定对交易安全、交易第三人合理信赖利益的法律保护,必然会造成连锁反应,导致整个商事交易的不稳定性。保护交易安全是商法最重要的目的。权利外观理论所保护的是合理信赖外观的交易相对人的利益,以维护交易安全为宗旨,商事法律规定所追求的目标与权利外观理论保护的法益具有一致性。

其次,从社会发展趋势考察,促进经济的发展需要保护交易信赖,权利外观理论以保护信赖为中心思想,符合商事交易主体的需要。在商事交易过程中,如果信赖无法得到保护或者信赖的成本很高,就会损害主体的交易活动,降低交易的自由程度,使交易主体的行为受限。法律保护合理信赖时,主体能够通过谨慎而确定和预测行为的效力,可以促进交易的安全和快捷,激发市场活力。市场主体在交易中的联系越来越紧密,对信赖保护的需求也更加强烈。将道德诚信转化为法律所保护的信赖,可以简化市场主体考察信赖的成本,获得利益保护的安全感,促进经济发展。权利外观理论作为商法的一般原则符合社会的经济发展趋势。

最后,从司法实践的需求考察,自民事诉讼法确立执行异议之诉制度以来,在执行异议之诉案件中,法院以权利外观理论进行释法说理的案件增多,而权利外观理论在司法实践中的适用正当性受到质疑。法律原则具有授权司法机关进行创造性司法活动的客观作用,直接授予司法机关在一定范围内创立补充规则的权力。通过这一路径,可以克服法律规定的局限性与社会关系繁杂的矛盾,法律的稳定与社会变化不确定的矛盾,法律的正义实现与法律具体规定在特殊情况下非正义的矛盾的作用。① 从权利外观理论在实践中的作用来看,是法院运用权利外观理论对成文法进行解释,或者被法院用于具体案件中裁判的释法说理,以补充成文法规则的缺漏,已经具备法律原则的功能,而成文法并未确认其法律地位。

第五节 权利外观理论在具体制度中的适用

一、权利外观理论的适用领域

(一)域外法的适用领域

1. 德国法中的适用领域

从权利外观理论在德国的适用领域发展来看,韦尔施帕赫对善意取得制度的基础理论进行批判;梅因是将权利外观理论与公示原则相结合;雅各比将权利外观理论适用于意思表示欠缺情形,并将权利外观理论适用于票据法领域;卡尔·拉伦茨认为权利外观理论的适用领域包括权利表见、债权表见让与、违反指示而填写的空白证书所产生的责任、商人交易中规定缄默;卡

---

① 参见徐国栋:《民法基本原则解释——诚信原则的历史、实务、法理研究》,北京大学出版社2013年版,第13页。

纳里斯把民法上的表见代理所认可的外观责任扩大适用于商法领域。

2. 法国法中的适用领域

从权利外观理论在法国适用领域发展来看，19世纪中后期，法国进入工业社会，经济的迅猛发展带来不动产交易的繁荣，保护不动产交易中的第三人合理信赖以及交易安全的需要开始显现。法国建立的不动产交易公证制度和不动产公示制度，存在"排除权源瑕疵"效力的不足。20世纪中叶，法国最高法院将仅适用于不动产交易领域的外观理论扩展适用于代理领域，在法国法上确立统一的表见代理理论，以解决由于委托合同溯及无效及其他原因而发生的第三人合理信赖保护问题。20世纪下半叶，法国最高法院将权利外观理论拓展适用于民事身份领域，形成了外观住所、外观行为能力、外观婚姻等理论，以解决传统民事身份制度规范失效而发生的第三人合理信赖保护问题。[①]

3. 日本法中的适用领域

日本田岛博士适用权利外观理论对《日本民法典》第192条动产善意取得进行了理论阐释。在第二次世界大战之后，权利外观理论不仅在动产善意取得制度、时效取得制度等领域内有所拓展，而且在商法的领域内得到适用。纳富义光、小桥一郎对权利外观理论在票据法中的适用进行了阐述。伊藤孝平、喜多了佑为权利外观理论在私法领域的全面展开奠定了理论前提。

(二) 在我国的适用领域

1. 一般意义上的适用

崔建远教授认为权利外观理论可以适用于基于法律行为而

---

① 参见罗瑶：《法国民法外观理论研究》，法律出版社2011年版，第205～208页。

发生的物权变动领域、债权多重让与、代理法中因私刻或伪造公章造成的交易相对人的信赖、《公司法》中的法定代表人的越权行为。① 冯玥博士认为权利外观理论适用于所有能够因主体、行为和内容的外观化造成善意相对人信赖的领域。因商事登记产生的交易相对人对商事资格的外观的信赖，因意思表示行为的外观化造成的交易相对人的信赖，因代理权外观、冒用或借用商号的外观、交易过程中的合同等造成交易相对人的信赖，这些情形都可适用权利外观理论。② 侯巍博士认为，权利外观理论适用于意思表示错误、行为能力瑕疵、第三人欺诈与胁迫、表见代理制度、法人越权行为、动产善意取得与不动产登记等领域。③ 王焜博士认为，权利外观理论适用于代理法、物权法、债法、家庭法、民事主体法。④ 可见权利外观理论适用于私法的各个领域成为学界的共识。

2.商事领域中的适用

权利外观理论在商事领域中的适用，以外观形成方式的不同进行区分。

首先，适用于因商事登记产生的外观。权利外观理论具有解释善意第三人标准问题的作用。因现行成文法对信赖商事登记的善意第三人的标准并没有一般化的共性的规定，造成了适用法律过程中，需要对法律进行解释，以回归法律目的和价值判断善意第三人应当符合的标准。这不符合法的效率价值。本应

---

① 参见崔建远：《论外观主义的运用边界》，载《清华法学》2019 年第 5 期。
② 参见冯玥：《商法中的外观主义研究》，武汉大学出版社 2019 年版，第 31 页。
③ 参见侯巍：《民事权利外观的信赖保护——以财产权继受取得为视角》，人民出版社 2012 年版，第 242~258 页。
④ 参见王焜：《积极的信赖保护——权利外观责任研究》，法律出版社 2010 年版，第 187~209 页。

当通过一个总括性的法律条文规定达到适用于所有具体情形的目的,但通过大量的法律条文进行规定,并没有一个条文具有明确标准。在商事交易中,抽象出信赖商事登记的善意第三人利益保护的标准,可以增强交易安全和司法实践的确定性,明确双方的义务范围,促进交易效率的实现。

权利外观理论的产生之初是作为善意取得制度的解释理论。动产善意取得制度的正当性理论依据,学界有4种学说。"取得时效说"的观点是,善意取得能使受让动产的人从此前对动产的无权利状态变为取得动产的所有权,是时效作用的结果;"占有效力说"的观点是,受让人受让占有后,占有的效力所致;"处分权限说"的观点是,法律赋予占有人处分他人动产的权利,善意取得是从有处分权人处取得;"权利外像说"的观点是,依据物权变动的公示效力,占有动产的人推定为动产的所有人,自所有人处善意受让的第三人能够取得受让物的所有权。其中,"处分权限说",是德国19世纪时期的主流学说。韦尔施帕赫批评"处分权限说"认为善意占有人取得权利的原因在于对转让人的客观占有事实产生了信赖,并提出权利外观的私法理论。反对将权利外观理论作为善意取得法理基础的学者,如德国学者沃尔夫冈·恩斯特,其观点是,以权利外观理论构建善意取得是错误的,权利外观不属于法定的构成要件而是概念建构。该学说试图赋予善意取得以一个内在的、其本身不享有的结果。[1] 也有观点认为,完全否定权利外观的核心思想略显极端,放弃权利外观,会在判断受让人善意时失去一个清晰的支撑点,善意的前提失去了对应的关联对象,权利外观理论在解释动

---

[1] Ernst, Ist der gutgläubige Mobiliarerwerb eine Rechtsscheinwirkung, in: FS Gernhuber, 1993, S. 102。转引自庄加园:《动产善意取得的理论基础再审视:基于权利外观学说的建构尝试》,载《中外法学》2016年第5期。

产善意取得的各个构成要件方面是具有意义的。① 权利外观的信赖保护以牺牲对真正权利人的保护为代价,要求真正的权利人以可归责的方式制造了使受让人信赖的外观,由此受让人获得正当化的地位。权利外观理论在判断所有权人的维持利益与受让人的信赖保护之间找到平衡点。权利外观理论作为善意取得制度的上位理论,可以用于解释善意取得制度的构成要件。在无法适用善意取得制度但交易相对人有信赖利益保护的必要时,需解释善意第三人应当符合的条件,而适用权利外观理论可以为解决问题提供可行性路径。

其次,适用于因商事行为产生的外观。在表见代理制度中,本人以法律行为授予代理权于代理人,代理人以本人名义所为的代理行为,效力直接归属于本人,与私法自治原则并无违背。但是如果本人根本未授予代理权于他人,或表示不欲代理人继续行使代理权的意思,本人仍然须如代理权有效存在的状态负其责任的正当化依据,需求诸权利外观理论。② 代理权存在的外观即权利外观理论中的外观要件,代理权外观的存在属于本人所能支配控制的范围即符合可归责要件,交易人对代理权外观善意的信赖并且为法律行为,符合权利外观理论信赖的合理性要件。适用权利外观理论可以解释表见代理制度中的"有理由相信"所应当符合的标准。一方面审查第三人信赖有代理权的理由,另一方面还需要考察被代理人的可归责情形。在公章是伪造的情况下,或者因授权委托等造成的第三人信赖,被代理人、委托人是否具有可归责性,是判断其承担责任与

---

① 参见庄加园:《动产善意取得的理论基础再审视:基于权利外观学说的建构尝试》,载《中外法学》2016 年第 5 期。

② 参见陈自强:《民法讲义Ⅰ——契约之成立与生效》,法律出版社 2002 年版,第 265 页。

否的重要考量因素。在司法实践中,对使用伪造的公章订立的合同的效力问题存在裁判的不一致。权利外观理论可以适用于解决此类纠纷,明确承担不利益主体的可归责事由,确定信赖的合理性的标准,并对双方应当承担的举证责任进行合理分配,回应司法实践的需求。因意思表示而产生的外观中的适用,权利外观理论可以适用于因意思表示瑕疵造成第三人信赖时的纠纷解决,判断第三人信赖的标准,确定第三人应当承担的审查义务。权利外观理论适用于因意思表示而产生的外观情形,以判断是否应当对商事交易的特殊情形作出例外的规定。

二、权利外观理论的功能

(一)实务争议

司法实践中有观点认为权利外观理论的适用不能超越现有成文法中的规定,认为权利外观理论是民商法上的学理概括,并非现行法律规定的原则;现行法律体现权利外观理论的具体规则,如善意取得、表见代理、越权代表,在审判实务中应当依据有关具体法律规则进行判断,类推适用应当以法律规则设定的情形、条件为基础。[①] 这一观点认为权利外观理论的适用范围,局限于成文法规则,不能超越成文法所设定的规则和条件,权利外观理论并非法律规定的原则,与法律原则的作用和适用范围有所区别。从司法实践中的适用现状来看,法院在裁判文书中,有时将权利外观理论作为法律原则。比如陕西省高级人民法院(2018)陕执异 17 号执行裁定书中,法院认为"依据权利外观主义原则,工商登记显示为股权所有者";广东省高级人民法院(2020)粤执复 729 号执行裁定书中,法院认为"依据商事外观

[①] 参见最高人民法院民事审判第二庭编著:《〈全国法院民商事审判工作会议纪要〉理解与适用》,人民法院出版社 2019 年版,第 6 页。

主义,公司登记具有公示公信力"。上述案件中,法官将权利外观理论作为一项法律原则进行阐述,可见司法实践中是将权利外观理论作为一般法律原则进行援引的,起到的作用是在法律规定不明确的时候,适用权利外观理论解释成文法。在具体案件中适用权利外观理论的目的是解决成文法规定的不足。上述案件均为执行异议案件,是在法律并未规定申请执行人与案外人对执行标的权利优先性的基础上,即在法无明文规定的情况下适用权利外观理论。上述争议在于,权利外观理论是否可以在法无明文规定的情况下适用。

(二)学术分歧

有观点认为,权利外观理论已经具体化为成文法中的规则,如经公信原则具体表现为善意取得制度;或具体化为具体制度或规则,体现为表见代理和越权行为;或作为基础引导出判断标准,如在公司决议中判断交易相对人有无过失的标准;或作为基础发生特定的法律效力,认为"收到解除通知的当事人一方于合理期限内未就解除提出异议的,合同解除"的规定是发生特定法律效力的体现。[①] 权利外观理论并非法律明文设置的原则及规则,而是专家、学者、判决概括、升华的法律理念、思潮、指导思想、原理。笔者认为这一观点并未赋予权利外观理论以私法中一般法律原则的定位,是将权利外观理论适用的具体情况限于我国现有成文法的规定,并未超越现行成文法的具体规则适用权利外观理论。有学者认为,权利外观理论的适用不仅局限于现有成文法,在法律并未规定的情况下,为弥补成文法制度中的不足,可以适用权利外观理论,如设立外观商人制度、外观

[①] 参见崔建远:《论外观主义的运用边界》,载《清华法学》2019年第5期。

商号制度等。①

笔者认为,综合理论与实务中的观点,权利外观理论应否仅在成文法的范围内进行适用,能否超越成文法而实现一般法律原则的功能性作用,需要进一步探讨。

(三)本书的观点

1. 解释成文法

法律的适用及解释,牵涉一直在变化着的法律事实,法律事实的认定与法律规范的寻找是相互影响的。为具体的案件找出最妥切的规范并不是一件容易的事,法律之中的用语解释受到被处理案件具体情况的影响。法律解释必须在文义所及的范围内进行,法条可能的文义是法律解释活动可能的最大回旋余地。法律解释是在正义及其价值的指引下,以衡平的且可以被理解的方式,满足源自人类共同生活的法律上的需要。② 法律解释取向于价值,价值以法律原则的方式表现出来,参与法律解释的内容,控制法律解释的结果。③ 权利外观理论之于商事活动的参与者来说,对确定法律规范义义范围而让法官以解释的名义进行创造性司法活动具有重要意义。立法者对于自己可能预料到的各种情况,必须在立法中为人们提供明确的答案,以维护法律的确定性。立法者必须承认不能预料到某些情况,因而设定像基本原则这样的形式,向有权机关提供广阔的解释空间,通过解释权的行使补充和发展法律,保证一个社会中稳定的价值观

---

① 参见冯玥:《商法中的外观主义研究》,武汉大学出版社2019年版,第50页。

② 参见黄茂荣:《法学方法与现代民法》,中国政法大学出版社2001年版,第250页。

③ 参见黄茂荣:《法学方法与现代民法》,中国政法大学出版社2001年版,第287页。

念的连续性。解释并非是无限制的,应当在立法者确定的基本价值的基础上进行,受立法者指引的基本价值的引导。总而言之,权利外观理论在解释现有成文法方面具有重要意义。

2. 填补法律漏洞

对于法律应予规范的生活事实,如果法律对之未完全规范,或规范之间相互矛盾,或未作规范,或作了不妥当的规范,说明法律对于该生活事实便存在漏洞。按照"民事法律所未规定者依习惯,无习惯者依法理"的思想,法学理论在法律体系上对法律漏洞进行补充。法理属于抽象的价值观或原则,其具体化尚未达到能供司法实践直接适用于个案的程度。引用法理补充法律漏洞,须对法理进行具体化。在我国现行法律规定之中,虽未有信赖保护原则,但是很多法律条文以维护信赖利益为法律宗旨。权利外观理论以保护交易安全和交易效率为价值取向,符合商事交易关系的需求。权利外观理论应为商法的一般原则,在法律存在漏洞时,作为填补法律漏洞的工具具有正当性。法律漏洞有无的认定及对法律漏洞的填补,一方面取决于价值,另一方面取决于人类的生活事实。一个正确的法律补充,须同时符合价值与事理的需求。[①] 权利外观理论具有开放性的特点,具体的适用条件在适用于个案的时候有弹性空间,适用之后的法律效果是开放性的,可能为对抗效力的限制或者行为的有效性判断,或者为责任的承担。因此在适用于个案的时候可以区分不同的类型,通过不同情形的考量而得出合适的结论。适用权利外观理论,可授予司法机关在一定范围内创立补充规则的权力。在法律规定的有限性和社会关系的无限性存在矛盾时,在社会评价的正义性与法律的具体规定在特殊情况下

[①] 参见徐国栋:《民法基本原则解释——诚信原则的历史、实务、法理研究》,北京大学出版社2012年版,第18页。

适用的非正义性存在矛盾时,以法律原则的功能发挥作用。

本章小结

通过对权利外观理论在德国、日本、法国和我国的发展历程进行梳理,明确权利外观理论的概念和适用条件。从理论的产生看,权利外观理论是对善意取得制度基础理论"处分权限说"的批判,在发展中不断完善适用条件并扩大适用领域,适用条件的发展完善使承受不利益的人承担责任更具公平性。权利外观理论扩展适用于民商法的各个领域中,其开放性的适用条件和适用效果,符合司法实践中应对纷繁复杂纠纷的需求。权利外观理论包含的安全价值、效率价值和公平价值与商事交易主体的安全需求、效率需求、公平需求具有一致性,与我国经济发展的客观情况相符。在以保护交易信赖为中心的商事交易关系中,权利外观理论发挥法律原则的作用有益于经济发展和交易相对人信赖利益保护。权利外观理论是以保护信赖为宗旨的私法理论,与诚实信用原则的内涵相比具有差异性。权利外观理论在弥补成文法中的不足和填补法律漏洞方面具有积极作用。

第二章　商事登记与权利外观理论

商事登记是商事主体获得和证明商事主体资格的重要途径,商事登记制度对商事主体和商事交易活动都具有重要意义。在登记事项与真实的法律情况不一致时,交易相对人信赖外观并为一定行为,保护交易相对人的信赖利益具有合理性。权利外观理论在商事登记中的适用,是对商事登记所公示的信息之效力的确认,以及对由这些信息所确认的权利及其所形成的权利外观的规制。[①] 商事登记效力的理论基础研究,离不开权利外观理论。《德国商法典》第15条第1款规定,"应登入登记簿的法律事实,只要尚未登记和公告,就不得被应对此种事实进行登记的人利用来对抗第三人,但此种事实已为第三人知悉的除外",卡纳

[①] 参见赵万一主编:《商事登记制度法律问题研究》,法律出版社2013年版,第154~155页。

里斯认为该条规定了法教义学上的权利外观责任。①《日本商法典》第 9 条规定,"故意或过失而登记不实事项者,不能以此事项乃不实事项为由对抗善意第三人"。《韩国商法典》第 39 条规定,"因故意或者过失进行不符事实的事项登记者,不得以此对抗善意的第三人"。《民法典》第 65 条规定,"法人实际情况与登记事项不一致的,不得对抗善意相对人",《公司法》第 34 条第 2 款规定,"公司登记事项未经登记或者未经变更登记,不得对抗善意相对人"。上述均为登记瑕疵不得对抗善意第三人的规定。对我国现行商事登记制度规定的法人实际情况与登记事项不一致的情形,需要研究商事登记制度中权利外观理论的适用。

第一节 商事登记制度概述

一、商事登记的内涵

(一)商事登记的概念

商事登记,是指为了取得、变更或终止商事主体资格,依照法律法规规定的程序,向主管机关提出申请,并由主管机关依法对申请事项审查、登记的一种法律行为和法律程序。我国的商事主体应登记事项根据不同法律规定,登记事项有所差别。以公司应登记事项为例,包括公司名称和住所、法定代表人姓名、注册资本、经营范围、有限公司股东或股份公司发起人的姓名或名称。商事登记的目的是将经营者的状态公开,以保障交易相

---

① 参见[德]C. W. 卡纳里斯:《德国商法》,杨继译,法律出版社 2006 年版,第 81 页。

对人在掌握信息后进行交易,确保交易的安全。商事登记制度是商事主体进行商事交易的前提基础,以维护交易安全、降低交易风险为目的,是确保商事交易有序进行的法律制度。

(二)商事登记制度的价值

商事登记制度具有安全价值。作为一种公示形式将各种交易信息向公众充分披露,并借由国家权力赋予其公信力,有效防止信息披露的缺失性和虚假性,保证了市场秩序的稳定,具有保障交易安全的作用。通过信息公示,交易相对人可以知悉登记义务人的信息,为作出决策提供安全保障。

商事登记制度具有效率价值。商事登记对登记义务人的经营情况进行公示,使不特定的交易相对人了解公司事项;公权力的介入建立起具有信赖基础的信息机制,降低了陌生人社会之间知悉信息的成本,有利于交易相对人快速作出交易决策,促进交易的稳定有序进行。

(三)商事登记制度的公示功能

商事登记的公示功能,是指商事主体需要承担商事登记义务,将法律规定的登记事项进行登记公示,使社会公众通过查询得以了解商事主体的基本情况,从而作出是否与商人从事交易的决定。[①] 商事主体通过商事登记向社会公开经营性主体的信用、能力和责任,有利于社会公众了解商事主体的信息和资料,维护交易安全。通过商事登记公示商事主体的经营身份、经营状况、经营能力,可以为商事活动的参加人提供商事主体的准确信息,使其明智地选择和决定自己的交易行为,进而保护交易相对人的利益。登记的权利和身份应当推定为真实,交易相对人可以信赖登记的是真实情况,为了避免交易相对人对登记信

[①] 参见张民安:《商法总则制度研究》,法律出版社2007年版,第434页。

息形成盲目甚至是错误的信赖,需要对登记的权利和身份提供信用支持。国家公权力的权威性和强制力运用于登记行为,法律规定了登记主体的登记义务,使交易相对人的信赖具有基础,同时也督促登记主体必须保证登记信息的可信度,否则登记义务人将承担不利的法律后果。

二、商事登记的第三人效力

(一)消极的对抗效力

消极的对抗效力,是指应当进行商事登记的事项尚未进行登记,登记义务人不能以未登记的事项对抗第三人。应登记的事项在作出登记公示之前,不能对抗第三人,除非这一事项已经为第三人知悉。未尽登记义务,不允许援引应登记而未登记的事项对抗善意第三人。①

在大陆法系国家的法律条文中有关于商事登记消极对抗效力的规定。比如《德国商法典》第 15 条②第 1 款涉及商事登记的消极公开效力,规定法律教义学上的权利外观责任,③是对法律通常状况的信赖保护。第 15 条第 1 款没有缺陷地和权利外

---

① 参见石一峰:《论商事登记第三人效力》,载《法商研究》2018 年第 6 期。
② 《德国商法典》第 15 条规定,商业登记簿的公示:(1)在应登入商事登记簿的事实尚未登记和公告期间,在其事务上应对此种事实进行登记的人,不得以此种事实对抗第三人,但此种事实为第三人所知的,不在此限。(2)已经对此种事实进行登记和公告的,第三人必须承受事实的效力。对于在公告后 15 日之内实施的法律行为,以此第三人证明其既不明知也不应知此种事实为限,不适用此种规定。(3)对应登记的事实已经进行不正确公告的,第三人可以对在其事务上应对此种事实进行登记的人援用已经公告的事实,但第三人明知不正确的,不在此限。(4)对于与已经登入商业登记簿的分营业所的交易,在此种规定的意义上,由该分营业所所在地的法院进行的登记和公告决定。
③ 参见[德]C. W. 卡纳里斯:《德国商法》,杨继译,法律出版社 2006 年版,第 81 页。

观理论体系相适应,①外观的存在要件满足的条件是:登记义务人有登记义务,有登记义务的事实尚未登记和公告;信赖的合理性要件是第三人对真实法律状态不知悉,第三人在法律行为意义上作出了行为,信赖的存在与行为之间具有因果性;在可归责性方面,申报义务人涉及登记和公告未变动的可归责性问题。产生的法律后果为登记义务事实不得用来对抗第三人,第三人对法律状态和真实法律状态之间具有选择权。《日本商法典》第9条②第1款第1句是对商事登记消极公开效力的规定。对于应登记事项,即应登记的事实及法律关系,即使在实体法上存在,在登记之前当事人不得以此对抗善意第三人。③对条款中第三人的范围的解释,是包括所有与登记事项存在正当利害关系的人;善意与恶意的判断是以该第三人与当事人之间存在法律上利害关系并进行交易时为准,善意包括过失及重大过失。④

(二)积极的对抗效力

有学者认为,积极的对抗效力表现为:存在不实登记情形时,第三人可以援用已经登记的事项对抗商事主体;登记主体可以援引已经登记的事项对抗第三人。⑤ 也有观点认为,积极的

---

① 参见[德]C.W.卡纳里斯:《德国商法》,杨继译,法律出版社2006年版,第83页。

② 《日本商法典》第9条[登记的效力]规定,本编所规定之应登记事项,未经登记不能对抗善意第三人。即使已做登记,当第三人因正当事由而未能知悉登记事项时,登记同样不具对抗效力。故意或过失登记不实事项者,不能以此事项乃不实事项为由对抗善意第三人。

③ 参见刘成杰:《日本最新商法典译注详解》(第2版),中译出版社2021年版,第23页。

④ 参见[日]弥永真生:《商法总则·商行为法》(第2版),东京:有斐阁2006年版,第26页。转引自刘成杰:《日本最新商法典译注详解》(第2版),中译出版社2021年版,第23页。

⑤ 参见石一峰:《论商事登记第三人效力》,载《法商研究》2018年第6期。

对抗效力是指应登记事项一经登记，即获得对抗第三人的效力。① 卡纳里斯认为，在不实登记情形中，第三人可以向应对此种事实进行登记的人援用已经登记的事实，该规定是积极公开。② 积极的对抗效力是将已登记事项推定知悉及免责的效力。③ 综合上述观点，积极的对抗效力根据援引登记主张权利的主体不同，可以分为登记义务人援引登记对抗第三人，以及登记不实情况下的第三人援引登记对抗登记义务人。

第一，商事登记应登记的事项一经登记与公告后，登记义务人可以援引登记内容对抗第三人。如《德国商法典》第15条第2款第1句规定，已经对此种事实进行登记和公告的，第三人必须承受事实的效力。这一条款在适用上应该让位于有关权利外观责任的一般性条款与规则。④ 对于在商事交易关系中形成的因固定业务联系的存在构成的"特殊的"外观形成，不能适用。⑤ 在因法律状态延续的权利外观存在的情况下（如在法定代表人身份变更之后，已经进行了登记和公告，若长期的业务联系伙伴没有被通知，通常会确信法定代表权法律状态的延续），根据权利外观理论，外观的存在是交易相对人对登记事项法律状态延续的信赖，信赖的合理性是由于长期的业务联系关系而形成的一种源于交易环境、交易习惯的对身份或状态的信赖，可归责性

---

① 参见赵万一主编：《商事登记制度法律问题研究》，法律出版社2013年版，第232页。
② 参见[德]C. W. 卡纳里斯：《德国商法》，杨继译，法律出版社2006年版，第103页。
③ 参见李建伟、罗锦荣：《有限公司股权登记的对抗力研究》，载《法学家》2019年第4期，第147页。
④ 参见[德]C. W. 卡纳里斯：《德国商法》，杨继译，法律出版社2006年版，第100页。
⑤ 参见[德]C. W. 卡纳里斯：《德国商法》，杨继译，法律出版社2006年版，第144页。

在于登记义务人在变更登记之前没有对交易相对人履行通知义务。"特殊的"外观构成存在,权利外观理论优先于《德国商法典》第15条第2款第1句的适用。①《日本商法典》第9条第2款规定,在已经登记的情况下,第三人因正当事由而未能知悉登记事项时,登记不具有对抗效力。日本学者对"正当事由"的解释,从过去的严格解释转变为适当扩大正当事由的解释范围,不仅将客观上导致第三人无法获得的原因(如战争、地震、交通中断等)作为正当事由,还将部分主观因素(如"出征中或病中而不知")所导致的第三人客观上不能知悉的登记事项也纳入正当事由解释范畴,即"正当事由弹性化"学说。②

第二,在登记不实的情况下,第三人可以援引登记对抗登记义务人。已经登记事项存在错误,是由于登记义务人未尽登记义务而造成登记事项与真实情况不一致。登记义务人可能为故意造成的登记错误,或者对登记错误的发生可以避免而没有消除错误登记,造成了第三人信赖的风险。第三人可以援引登记事项向登记义务人主张权利。登记义务人不能以未登记的事实对抗善意第三人。《德国商法典》第15条第3款是保护第三人对不正确公告的信赖,是商事登记积极的权利外观责任条款。③第15条第3款的适用是登记义务人对登记入登记簿的事实进行了不正确的公告,第三人可以对应登记此项事实的人援引公告的事实内容。从外观的存在要件上看,是登记义务人进行了不正确的公告;从信赖的合理性要件上看,第三人对错误的公告

---

① 参见[德]C. W. 卡纳里斯:《德国商法》,杨继译,法律出版社2006年版,第131页。
② 参见刘成杰:《日本最新商法典译注详解》(第2版),中译出版社2021年版,第23页。
③ 参见[德]C. W. 卡纳里斯:《德国商法》,杨继译,法律出版社2006年版,第103页。

不知悉;从可归责性上看,应对此种事实进行公告的人具有可归责性。《日本商法典》第9条第2款涉及不实登记效力,是在商事登记事项不真实而虚假宣告法律关系时对认定法律效果的规定。① 此款是保护登记义务人因信赖登记而作出的法律行为,否则第三人主张登记事项不存在而失去法律的保护,登记制度的存在就失去了意义。《日本商法典》第9条第2款规定的故意或过失登记不实事项者,不能以此事项是不实事项为由对抗善意第三人,是采用了外观信赖保护的原则,以此维护登记的公信力。② 此种情况下,在符合权利外观理论的适用条件时,善意第三人的利益应当获得保护。登记义务人将虚假信息进行商事登记,符合外观的存在要件;交易相对人可以信赖登记事实为真实情况,其对商事登记的内容是真实的信赖具有合理性;登记义务人对登记不实存在可归责性。满足上述条件,为保护善意第三人的信赖利益,善意第三人如出于对不实登记表达的信赖作出了相应的法律行为,登记义务人对因其具有可归责性应予负责。对于恶意的第三人,虽然是不实登记,也可以以登记事项对抗恶意第三人。③

三、权利外观理论适用于我国商事登记制度的基础

(一)商事登记存在瑕疵

《企业信息公示暂行条例》规定,企业信息应当真实、及时地公示。企业信息是指在工商行政管理部门登记的企业在从事

---

① 参见党海娟:《商事登记制度基本问题研究》,法律出版社2017年版,第44页。

② 参见刘成杰:《日本最新商法典译注详解》(第2版),中译出版社2021年版,第24页。

③ 参见[日]松波仁一郎:《日本商法论》,秦瑞玠、郑钊译,中国政法大学出版社2005年版,第32页。

生产经营活动过程中形成的信息,以及政府部门在履行职责过程中产生的能够反映企业状况的信息,包括名称、住所、法定代表人、注册资金、出资期限等。商事登记在公示信息正确的情况下未造成善意相对人误信而交易,权利外观理论并没有适用的空间。在实践中,错误登记、应当登记而未进行登记的情况是存在的。在商事登记外观与真实不一致,存在错误登记、应当登记未经登记情况时,交易相对人对外观产生信赖,包括进行交易,因而权利外观理论具有适用的基础。

(二)以保护善意相对人的信赖利益为目的

商事登记制度是以节约交易相对人了解真实事项的成本为设立目的,是为了促进交易的快速安全,维护交易秩序。出现瑕疵登记时,法律应当保护善意相对人的信赖利益,这一做法符合市场主体的需要和经济发展的需要。登记义务人违反登记义务而造成登记瑕疵,应当负担对交易相对人私法上的法律责任。有观点认为,因现行商事登记制度的登记事项弱于不动产登记公示,商事登记不实的现象大量存在,与不动产登记相比公信力弱,交易相对人应当预见到登记信息与真实不一致的普遍性,应当要求交易相对人负担更多的注意义务和审查义务,否则不能够成为善意第三人。① 笔者认为,这一观点与商事登记制度的目的相悖。商事登记制度的目的是减轻交易相对人的审查义务,促进交易的快速和安全进行,若否定了商事登记制度的公示功能,则是否定商事登记制度存在的意义,这与商事登记制度所追求的效率价值和安全价值相悖。商事登记制度关于公示事项的推定正确,是善意相对人信赖利益应当保护的正当性基础。

---

① 参见刘江伟:《有限公司股权善意取得规则的检讨与适用》,载《成都理工大学学报(社会科学版)》2017年第5期。

权利外观理论所体现的效率价值和安全价值与商事登记制度所追求的价值一致,适用权利外观理论有利于确定善意相对人应当负担的义务,考察登记义务人归责的合理性。

(三)现行法律规定存在的不足

在原《民法总则》第 65 条规定"法人的实际情况与登记的事项不一致的,不得对抗善意相对人"之前,我国在法律层面缺少对商事登记效力的统领性规定,这一条款的出台弥补了商事登记效力立法缺失。《民法典》第 65 条沿用了上述法律规定。在对这一条款的构成要件、法律效果进行分析时,存在概念不清、规范不足的问题。

首先,从构成要件上看,前提是法人的实际情况与登记的事项不一致,但并未具体化不一致的情形。"不一致"包括的情形应当明确,既包括登记错误,也包括应当登记而未登记的情形。对"善意相对人"的范围界定不明确,是否限于交易关系中的相对人,还是也包括诉讼活动中的相对人,规定并不明确。"善意"的界定标准是一种推定的善意还是包含了履行审查义务的内涵,亦不清楚。

其次,从法律效果上看,并不能清晰地知晓该条所欲保护的法益,也在法律效果上存在矛盾之处。依文义解释,登记事项与实际情况不一致由法人承担不利后果,但承担责任的方式并不明确,"不得对抗"的应为善意相对人所主张的利益,但法律并未规定善意相对人可以主张的权利之范围。

通过上述分析可知,我国对于商事登记效力的规定过于笼统,构成要件和法律效果具有进一步解释的必要,在法律保护的利益主体方面应当进一步明确。权利外观理论解决了商事登记效力问题,可以汲取域外法的有益经验。在我国现行学术研究中对权利外观理论与商事登记制度之间具有关联性方面具有共识,从商事登记制度保护交易安全、提高交易效率、维护交易秩序的目的上看,与权利外观理论在价值评价上具有一致性,适用权利外观理论解释《民法典》第65条可以解决现行法律规定不明确、不细致的问题。下面的论述围绕交易相对人信赖的外观展开。即在登记事项错误情形下,交易相对人信赖的为商事登记记载事项;在应登记未登记情形下,交易相对人信赖的为法律规定的通常情况;在连续交易登记变更情形下,交易相对人信赖的为登记未变更的登记事项。通过在三个方面展开权利外观理论在商事登记制度中的适用,以解释成文法。

第二节 登记事项错误情形中权利外观理论的适用

一、登记事项错误的概念

登记事项错误是登记义务人虚假登记所导致的登记事项与真实情况不一致。[①] 登记事项有法人资格、法定代表人、股东、注册资金、出资期限等,商事登记的事项存在错误有以下几种情形。比如,商事主体的性质登记为合伙企业而实际为个人独资企业,法定代表人登记为A而实际的法定代表人为B,股东身份登记为A而实际出资人是B;出资期限登记为已经实缴而真实情况是股东出资附期限等。在真实情况与登记事项不一致时,应当以真实情况判断还是以登记事项判断,在司法实践中存在不同的观点。以真实情况判断的观点是基于法院"以事实为

---

① 本节所研究的登记事项错误,仅指登记义务人提供虚假的信息进行商事登记,不包括因登记机关造成的登记事项错误。

依据"的裁判原则,"注重财产实质归属"。① 反对以真实情况判断的观点是,不考虑登记事项而根据真实情况判断,会影响社会对登记公示的信赖。在商事主体性质登记错误、出资期限登记错误的情形下,司法实践中对登记义务人应以真实情况还是以登记事项对交易相对人承担责任,存在争议。

二、登记错误情形中权利外观理论适用的可能性

(一)外观的存在

商事登记是登记义务人的法定义务。商事登记是商事主体必须履行的一项登记义务。对商事主体性质的登记公示,即使登记的公告是错误的,与实际并不一致——根据商事登记的法律效力,一方面取得了相应的主体资格,另一方面也向不特定第三人进行公告。根据权利外观理论外观的存在要件,登记义务人即使是将不正确的事实进行商事登记,同样符合外观的存在要件。在股东信息的登记公示方面,有观点认为,对股权转让与交易相对人来说重要的股权信息,如股权比例、股权取得时间和原因等,在现行股权登记中并无体现;在缺失必要权利信息的情况下,股权登记对股权受让人来说并无信赖的外观。② 笔者认为,如果否定商事登记作为外观,那么商事登记制度存在的意义便不存在了,即使是普遍存在的错误,也不能认定错误登记是正常的,由此得出交易相对人的信赖不具有合理性的论断就是错误的。根据《企业信息公示暂行条例》和《注册资本登记制度改革方案》对出资期限的公示规定,股东具有如实公示出资期限

---

① 最高人民法院民事审判第二庭编著:《〈全国法院民商事审判工作会议纪要〉理解与适用》,人民法院出版社 2019 年版,第 6 页。

② 参见张双根:《股权善意取得之质疑——基于解释论的分析》,载《法学家》2016 年第 1 期。

的义务,登记错误是对法定义务的违反。从商事登记的目标考量,是为维护商事登记公开事项的真实和准确,要求进行错误登记的主体承担不利后果,才能从威慑力上督促主体履行登记义务,进一步增强商事登记的公信力。商事登记事项一经登记公示,即应当认定符合外观的存在要件。

(二)信赖的合理性

从第三人的主观要件上看,是对错误登记不知晓;如果第三人明知登记事项是错误的,则不符合主观要件。第三人是否知晓真实情况,并不需要第三人自己证明,而是由登记义务人负责证明第三人知晓真实情况的存在。要求善意第三人负担审查事实真相的义务不符合商事登记制度设立的目的。商事登记制度要求登记义务人对登记事项进行正确的登记,以保护第三人对交易对象情况的知悉,保证交易快速安全地进行,要求交易第三人负担更多审查登记事项是否正确的义务,则违背了商事登记制度设立的初衷,有害交易安全和交易效率;同时,从第三人应否知悉以及知悉成本上考量,交易第三人核实登记事项是否正确的成本过高,并且作为外部成员难以知晓交易对象的真实情况,要求其负担审查登记事项正确的情况不符合实际。交易相对人进行了错误登记,登记义务人不能证明第三人明知登记事项是错误的,即推定第三人主观上为善意。从第三人的客观要件上看,是实施了交易行为,未实施任何的交易,即不具有权利保护的基础。

(三)可归责性

从导致上述真实情况与登记事项不一致的情况存在而造成交易相对人误信的风险上看,源于登记义务人提供虚假的信息进行了商事登记的情况,或者具有正确进行商事登记的义务者由于未尽注意义务,本该消除登记错误的情况而未行动,使登记错误的状态存在。按照风险归责原则，登记义务人是最佳的风险规避者，能够避免错误登记的发生，并且对于消除错误登记为不特定第三人带来的风险，登记义务人为避免错误所付出的成本更低。真实情况与登记事项不一致时，登记义务人具有可归责性。从现行登记制度来看，对于商事主体性质登记，需要登记义务人向登记机关申报材料，其故意提交或作出错误的申请，是符合可归责的要件的，因为其行为造成了错误登记的结果。对出资期限的登记、股东内部约定的出资期限，其他人无从知晓内部约定，需要登记义务人如实履行登记义务、对出资期限进行公示。错误登记了出资期限，或者出资附期限而登记为已经实缴，错误登记的登记义务人具有可归责性。登记义务人能够避免错误登记的发生，能够及时纠正错误登记却怠于履行义务，造成了交易相对人的误信，则符合可归责性要件。对于股东身份，登记义务人出于某些目的未登记真实的权利人，而将名义股东登记公示，导致交易相对人对登记不实信息予以信赖，登记义务人具有可归责性。

三、商事主体性质登记错误中的适用

在商事主体性质登记错误的情形下，与交易相对人发生交易行为之后，商事主体是应以商事登记公示的商事主体性质对外承担责任还是以实际情况承担责任，在司法实践中有不同的处理方法。

（一）"外观"与"真实"之争

下面以赣州开发区龙城饲料经营部（以下简称龙城经营部）与赣州市邱氏生猪养殖场（以下简称邱氏养殖场）买卖合同

纠纷案①为例展开分析。邱氏养殖场成立于2010年7月7日,登记为普通合伙企业。邱氏养殖场向龙城经营部购买饲料,因未给付饲料款,龙城经营部向法院提起诉讼,请求判令邱氏养殖场承担货款清偿责任。邱某华主张该养殖场为个人独资企业,虽然名义上为合伙企业,但是实际上为邱某华个人投资,故应当由个人承担对外欠款的责任,不应当由合伙企业对外承担责任。法院认为,企业性质的认定依法应当以工商行政管理部门登记为依据,按个人独资企业承担责任的主张与工商登记为普通合伙企业的内容不一致,不予采纳。在该案中,法院按照商事登记的商事主体性质对外承担责任。

在南通双盈贸易有限公司(以下简称双盈公司)诉镇江市丹徒区联达机械厂(以下简称联达厂)、魏某聂等6人买卖合同纠纷案②中,联达厂工商登记为个人独资企业,双盈公司主张联达厂由魏某聂等6人合伙经营,并提供了合伙合同、协议书等证据证明。联达厂与双盈公司签订工矿产品购销合同后,因联达厂拖欠货款,双盈公司向法院请求联达厂、魏某聂等6人承担给付货款的责任。法院裁判认为,通过联达厂的合伙合同等其他证据判断,联达厂是魏某聂等6人合伙经营的企业,联达厂名义上的个人独资企业性质不影响各合伙人本应承担的民事责任。联达厂虽然在工商行政管理部门登记为个人独资企业,但是实质为合伙企业。法院遂判决联达厂应先以其全部财产向双盈公司的货款进行清偿,财产不足清偿该债务的,由魏某聂等6位合伙人对不能清偿的部分承担无限连带清偿责任。

从上述裁判结果来看,应当以商事登记公示的法人资格对交易相对人承担责任,还是应当以实际情况对交易相对人承担

---

① 江西省赣州市中级人民法院(2016)赣01民终1439号民事判决书。
② 江苏省高级人民法院(2009)苏民二终字第0130号民事判决书。

责任,在司法实践中存在不同的观点。

(二)权利外观理论的适用

根据《民法典》第 65 条的规定,登记事项与实际情况不一致的,不得对抗善意第三人。上述案件情况符合该条设定的适用前提,但是从法律效果上看,不得对抗善意第三人,并不能明确得出是按照登记事项承担责任还是根据实际情况承担责任的结论。由于现行法律规定未能为司法实践中纠纷的解决提供裁判依据,可以适用权利外观理论进行判断。

1. 外观的存在

在登记的商事主体性质与实际的商事主体性质不一致时,将商事主体性质进行登记即符合外观的存在要件。至于交易相对人主张按照实际的商事主体性质承担,不存在交易相对人可以信赖的外观,从商主体资格的取得方面看,我国实行商主体资格设立登记制度,未经登记不能对外从事经营活动。换言之,我国不承认表见商人制度,除商事登记外,不存在对主体资格信赖的外观,因此交易相对人除对商事登记的主体资格具有信赖以外,不存在对声称或者其他证明认为存在某种商事主体性质的信赖。

2. 信赖的合理性

交易相对人基于商事登记的公信力,信赖商事主体性质并从事了交易行为,符合信赖具有合理性的要件。我国采取主体资格设立登记,只有经过商事登记之后才能视为存在商事主体资格。交易相对人主张权利的商事主体性质不能是商事登记之外的其他文件、材料和证明的信赖。审查主体性质是交易相对人的义务,不能认为交易相对人不知晓登记事项与实际情况不一致而进行交易,交易相对人对于实际情况与登记事项不一致是明知的,主观上不符合善意的条件。

3. 可归责性

登记义务人能够及时发现登记错误并消除错误事项，其知晓可能造成不特定第三人的信赖而放任危险的发生，符合风险归责原则，登记义务人具有可归责性。

4. 法律效果

交易相对人主张登记义务人按照商事登记的主体性质承担责任，其信赖利益具有保护的基础。适用权利外观理论所达到的法律效果为，外观视为真实，在登记错误的情形下，登记的外观视为真实情况，登记义务人应当按照登记的商事主体性质对交易相对人承担责任。

综上，在商事主体性质登记错误的情形中，交易相对人的信赖利益源于商事登记，并不存在对于其他材料信赖主体性质的情形，要求登记义务人超越登记的商事主体性质承担对交易相对人的信赖责任，并不符合权利外观理论的适用条件。《民法典》第65条中的"不一致"应当包含商事主体性质登记与实际不一致的情形，"善意第三人"的判断中，交易相对人明知登记事项与真实情况不符的，不属于善意第三人。"不得对抗"应当具体为，善意第三人可以按照登记义务人已经登记的商事主体性质主张权利。建议对《民法典》第65条增加司法解释，即商事主体性质登记错误，善意第三人主张登记义务人按照登记的主体性质承担责任的，人民法院应予支持，但第三人明知真实情况与实际情况不一致的除外。

四、股东身份登记错误中的适用

《公司法》第32条规定了有限责任公司应当将股东的姓名或者名称向公司机关登记，确定了公司的登记义务。在实践中，登记的股东姓名或名称与实际不一致的情况大量存在。股权代持导致股权交易相对人因对名义股东具有处分权的信赖,与之进行股权交易。最高人民法院《关于适用〈中华人民共和国公司法〉若干问题的规定(三)》(以下简称《公司法司法解释三》)第 25 条规定的对股权受让人参照适用善意取得制度,不具有参照适用的基础。

(一)无法参照适用善意取得制度

《公司法司法解释三》第 25 条、第 27 条中代持股权的转让参照适用《民法典》第 311 条的规定,是采用"指示参照性"法规范技术,将物权善意取得的法定构成要件在股权转让领域的类推适用。通过法律上的拟制,有意地将明知为不同者等同视之。其目的在于,将针对以构成要件所作的规定,适用于另一构成要件。① 将法律针对某构成要件或多数彼此相关的构成要件而赋予之规则,转用于法理所未规定而与前述构成要件相关的构成要件。参照适用的基础在于构成要件在与法律评价相关的重要观点上彼此相关,应作相同的评价。物权善意取得制度的目的在于保护交易安全,这与《公司法司法解释三》第 25 条、第 27 条的目的具有一致性。但是从善意取得制度的构成要件看,股权取得无法适用物权善意取得制度。

1. 受让人的主观状态的判断

对善意的界定,一般认为,不动产善意取得中应以"明知"排除善意,而动产则为"明知或因重大过失而不知"。股权变动的判断标准如与不动产善意取得一致,适用登记生效,受让人不知且无重大过失的状态延续至工商登记完成之时并不容易。首先,在受让人签订合同之前,需调查公司是否存在、经营能力、股

---

① 参见[德]卡尔·拉伦茨:《法学方法论》,陈爱娥译,商务印书馆 2003 年版,第 142 页。

权结构等情况。其次,基于有限公司的股权变动人合性制约,受让人需要面对其他股东行使优先购买权的障碍。最后,在变更工商登记时,真实权利人可以提出异议或诉讼等。基于此分析,股权变动是一个较为漫长、复杂且涉及人员广的过程。① 在第一步的调查中,对公司书面文件的查询有可能发现股权事实归属与登记状态不符的信息。在第二步可以通过其他股东告知名义持股或一股二卖的事宜。在有限公司股权变动中维持受让人的善意的要件很难具备。

2. 以合理的价格转让的要件

《最高人民法院关于适用〈中华人民共和国民法典〉物权编的解释(一)》第18条规定,《民法典》第311条第1款第2项所称的"合理的价格",应当根据转让标的物的性质、数量以及付款方式等具体情况,参考转让时交易地市场价格以及交易习惯等因素综合认定。有限责任公司股权的价格无法通过探求市场同类产品的价格确定,股权价格的评估问题无论在经济学上还是在司法实务中都是难点。基于股权价格受到股权份额、股权结构、市场等因素的影响,确定合理的对价是认定的难题。

3. 股权变动模式

有限责任公司股权变动模式主要有三种类型,意思主义、形式主义与修正主义。股权变动的意思主义模式,是指双方当事人在对公司股权转让达成合意之后,买受人即可取得股权,股权发生变动的时间是股权转让协议生效的时间,变更商事登记和股东名册是股权变动生效后的完善行为而非股权变动的生效要

---

① 参见谭津龙:《中国有限公司股权善意取得的质疑——基于〈公司法解释三〉及其扩大适用》,载《重庆大学学报(社会科学版)》2019年第4期。

件。① 股权变动的意思主义模式的不合理性在于，将合同的成立和生效与合同的履行混同，有效的股权转让合同产生卖方将股权让渡于卖方的合同义务，并不会当然产生股权的变动。意思主义忽略合同的相对性特征，将以股权转让为内容的合同行为和股权确认的公司行为相混淆。意思主义的股权变动模式不适合有限责任公司的股权变动。股权变动的形式主义模式，是指股权变动须有交付行为和公示，才能产生股权变动的效果。② 股权变动的形式主义模式的不合理性在于，将股东名册或商事登记作为股权转让的生效要件，但股东名册或商事登记是股权确认的形式依据之一，并非股权确认的实质要件。股权变动的修正主义模式，是指承认股权转让合同生效即产生股权变动效果，但这种效果仅限于出让人与受让人之间，只有在通知公司股权变动的事实、公司股东名册变更后，受让人才可以顺利地行使其股东权利，也只有在工商登记变更后，才完成受让人股东身份的公示。③ 股权变动的修正主义模式的合理性在于，股权转让的生效要件与股权的公示方式是分离的，股权转让合同生效或条件达成时股权即发生转移，而公示则依赖于工商登记的变更。在股东名册和工商登记变更之后，受让人取得股东资格，享有对抗第三人的权利。考察我国现有制度，有限责任公司股权登记具有的是对抗效力，物权变动是完成登记才完成权利变动。股权变动的公示效力与物权变动的公示效力有着根本的区别，判断股权转让的受让人的取得要件时并不能参照物权善意取得的

---

① 参见甘培忠：《企业与公司法学》（第7版），北京大学出版社2014年版，第192页。
② 参见蔡慧永：《有限责任公司股权转让效力研究》，人民法院出版社2020年版，第75页。
③ 参见李建伟：《有限责任公司股权变动模式研究——以公司受通知与认可的程序构建为中心》，载《暨南学报（哲学社会科学版）》2012年第12期。

构成要件。

(二) 权利外观理论的适用

德国立法者在 2008 年引入股权善意取得制度,将其称为一种信赖保护的制度,并明确表示股权善意取得的构成要件系根据权利外观要件和信赖要件得出。① 在德国法上,股权善意取得所依赖的外观为股东名册的记载内容;第三人善意的判断标准是受让人对出让人的无权状态知情或者因重大过失而不知情,或股东名册中登记了异议;真实股东对登记错误的状态具有可归责性。② 善意取得制度的上位概念为权利外观理论,股权善意取得制度应根据权利外观理论勾画各要件。③ 股权善意取得需要探究其理论基础即权利外观理论,能为股权交易相对人利益保护提供一些有益的参考。

1. 外观的存在

有观点认为,工商登记或股东名册记载不应作为股权转让的生效要件,因在股权转让合同生效与受让人变更商事登记之间存在时间差,股东名册或工商登记在时间差内的记载呈现不正确的状态。在时间差内难以阻却让与人再次实施相抵触的双重乃至多重处分行为,从而造成受让人的危险。在股权转让修

---

① 参见余佳楠:《我国有限公司股权善意取得制度的缺陷与建构——基于权利外观原理的视角》,载《清华法学》2015 年第 4 期。

② 《德国有限责任公司法》第 16 条第 3 款第 1、2、3 句规定:当出让人作为股份的所有人被载入商事登记簿所收录的股东名册中时,受让人可以有效取得无权处分的股权。股东名册的不正确状态在受让发生时未满三年且该不正确状态不能归责于权利人时,前句不适用。受让人对出让人的无权状态知情或者因重大过失而不知情,或股东名册中登记了异议的,也不发生善意取得。转引自余佳楠:《我国有限公司股权善意取得制度的缺陷与建构——基于权利外观原理的视角》,载《清华法学》2015 年第 4 期。

③ 参见余佳楠:《我国有限公司股权善意取得制度的缺陷与建构——基于权利外观原理的视角》,载《清华法学》2015 年第 4 期。

正主义模式下,股东名册与工商登记之记载状态,无法做到与真实股权归属关系的完全同步,股东名册与工商登记自始存在记载状态不正确的可能性,故而成为股东名册与工商登记之先天性缺陷。① 隐名股东的存在,或受制于有限公司的人数限制,或隐名股东基于身份隐藏等目的考虑,有意使有限责任公司的股东身份登记存在瑕疵。法律允许隐名股东有向名义股东主张权利,名实不符的情况有愈演愈烈的趋势。

笔者认为,商事登记的目的是保障交易相对人对公司信息的知晓,节约了解真实情况的成本,促进交易的稳定安全。如果否定商事登记作为外观,那么进行商事登记的意义就不存在了。法律规定公司负有登记的义务,并且要求公司如实申报股东身份,公司怠于履行义务导致外观与真实分离,违反了法律的规定。因错误普遍存在就认可了错误的合理性是不正确的。因违反了真实登记义务的主体大量存在而否定了交易相对人应当信赖登记外观也是不正确的。

2. 第三人善意的判断

有观点认为,第三人的信赖是基于对商事登记的记载事项的信赖,但是在工商登记公信力弱化的困境下,对第三人信赖的要求应当提高。在对股权交易的第三人主观要件进行判断时,如果第三人不知或无重大过失而不知,就需要考察第三人是否尽到必要的注意义务。首先,应当查阅工商登记;其次,应当综合考虑交易背景及对有限公司的人合性判断。商人的注意义

---

① 参见张双根:《德国法上股权善意取得制度之评析》,载《环球法律评论》2014年第2期。

务高于非商人,在认定商人的善意时,要求也更高。① 有限责任公司的股权交易体现了人合性特点,股权受让人应对公司的状态履行基本审查的义务,如名义股东参与公司经营,受让人无从知晓隐名股东的存在,而如隐名股东实际参与公司经营,交易相对人在对公司股东情况进行基本审查时,能够发现名实不符,则不能认定信赖具有合理性。

3. 可归责性

股权的公示外观造成的善意相对人信赖引入可归责性要件,以弥补商事登记外观公信力的不足。一方面,提醒真实权利人保持警惕,在出现外观权利和实际权属不一致时,应当采取变更登记、异议登记、申请登记等措施纠正非真实状态,降低实际权属和外观权利之间不一致的情况;另一方面,将不可归责于真实权利人的情形剔除,以保护真实权利人的利益。尤其是伪造签字、冒充身份进行股权处分的情形,既损害了有限公司的人合性和真实权利人的利益,亦对公司制度有很大的破坏性。② 在股权代持中,善意相对人对登记的名义股东身份形成信赖,隐名股东如果已经进行了异议登记,或者已经通过诉讼积极地主张权利,则对股东身份不真实不具有可归责性。

综上,物权善意取得制度有其特定的制度背景和实际需求,与名义股东处分股权的法律后果有本质差异,在比较适用条件及价值评价后可知,并不存在参照适用的基础。在构建股权受让人利益的保护规则时,应当根据权利外观理论,以弥补由于

---

① 参见刘江伟:《有限公司股权善意取得规则的检讨与适用》,载《成都理工大学学报(社会科学版)》2017年第5期。
② 参见刘江伟:《有限公司股权善意取得规则的检讨与适用》,载《成都理工大学学报(社会科学版)》2017年第5期。

股权特殊性所造成的保护原权利人的制度缺位。股权善意取得应具备交易行为特征,善意的判断应当是受让人不知晓或者对不知晓不具有重大过失,综合考虑交易背景及对有限公司的人合性判断,在发生登记错误时,真实股东具有可归责性。

五、出资期限登记错误中的适用

《公司法》修订后,将实缴制改为认缴制,登记义务人通过商事登记向不特定的交易相对人公示其出资期限。在出资期限登记错误的情形中,交易相对人对公示的出资期限具有信赖利益。现行成文法中并未有此规定,登记为出资期限已经实缴而实际上出资期限未届至的,是否属于"未履行或者未全面履行出资义务"的情形,适用《民法典》第65条的规定,属于登记事项与实际情况不一致,但是不得对抗善意第三人所指向的股东应履行何种义务并不清楚。适用权利外观理论可以判断交易相对人应当符合的条件,以及出资期限登记错误情况下登记义务人应当承担的义务。

从外观的存在要件上看,已经登记的股东出资期限为未附期限出资已经实缴,而实际情况是出资附期限,交易相对人对商事登记的记载事项中股东已经实缴出资具有信赖利益,基于登记的公示功能,可以信赖股东已经实缴出资。如果登记的出资期限为5年内,而实际出资期限为10年内,交易相对人同样对于商事登记的5年内履行出资义务具有信赖利益,可以信赖股东将在5年内履行出资义务。交易相对人对商事登记记载的出资期限以及出资情况具有信赖利益。从信赖的合理性要件上看,交易相对人基于对公示信息的信赖进行交易,作为外部成员并不知晓公司内部约定的出资情况,符合信赖的合理性要件。

从可归责要件上看,登记义务人应当如实登记出资期限,因为登记错误,或者能够纠正登记错误而放任对交易相对人误导的危险发生,符合可归责性要件。从权利外观理论适用的法律效果上看,是将外观视为真实,登记的出资期限已经实缴,即应当承担出资期限已经实缴的责任,即使真实情况为出资附期限,也应当按照出资期限已经届满,按照"未履行或者未全面履行出资义务"的情形承担责任。在出资期限公示的时间短,实际出资期限时间长的情况下,应当按照公示的出资期限履行出资义务,不能以真实的出资期限对抗交易相对人。在出资期限登记错误的情形下,登记为已经实缴而实际出资期限附期限,交易相对人可以根据对登记为已经实缴的登记事项的信赖,要求股东履行出资义务。若商事登记的出资期限已经届满,股东并未履行出资义务,即使在内部约定中出资期限未届期,亦不应当享有以真实情况对抗交易相对人要求其履行出资义务的请求。

在出资期限登记错误的情形中,可以适用于解释《民法典》第65条。交易相对人主张登记义务人按照商事登记的出资期限履行出资义务的,法院应予支持,但交易相对人明知真实情况的除外。

综上,登记错误的情形不仅包括上述讨论的商事主体性质登记错误、出资期限登记错误的情况,还有其他的如公司住所地,法定代表人身份等登记错误的情况等,在其他登记错误的情形中,权利外观理论具有适用的空间,通过适用条件进行分析之后,可以判断应否对交易相对人的信赖利益予以保护。在现行成文法中并未给予明确回应的,如股东出资期限登记错误和商事主体性质登记错误等情况下,权利外观理论是对成文法进行解释,登记义务人对应登记的事项已经进行错误登记的,第三人可以根据登记事项向登记义务人主张权利,但第三人明知不正确的除外。

第三节　应登记未登记情形中权利外观理论的适用

应当进行商事登记的事项而未进行登记,是指登记义务人应当进行商事登记,但并未将应登记的事项进行商事登记的情形。应登记未登记情形,包括:公司内部对法定代表人对外权限进行了限制,而在商事登记中并未体现;合伙企业对普通合伙人的对外代表权限进行限制,未进行商事登记;公司已经通过内部程序变更法定代表人,未进行法定代表人的变更登记;公司已经通过内部程序延长股东出资期限,未进行变更登记等。法定代表人对外身份限制和普通合伙人身份限制,现行成文法已有规定,如《民法典》第61条第3款、《合伙企业法》第37条。真实的情况为权利受到限制,而登记外观并未体现,为了保护善意第三人的利益,不存在的法律状态被视为存在,是规定了权利外观责任,在判断善意第三人应当符合的条件以及登记义务人的可归责性方面可以适用权利外观理论解释成文法。现行成文法中并未规定能否以已变更但未登记的事项对抗善意第三人,《民法典》第65条包括应登记而未登记的情形,故应当适用权利外观理论解释成文法。

一、内部限制应登记未登记

在未进行商事登记的情况下,交易相对人信赖法律规定的通常情况。如在对法定代表人的代表权限进行限制,或对合伙企业的普通合伙人对外代表权限进行限制的情形下，如果未经登记，交易相对人基于对法律规定的通常情况的信赖，认为法定代表人具有代表公司对外交易的权限，合伙企业的普通合伙人可以代表公司处理对外事务。

(一) 公司内部限制应登记未登记

《民法典》第61条第3款规定的为意定限制的情形，包括公司章程对代表权事先所作的限制，基于法定代表人对外签订的合同标的的限制，或者从事某类交易需要经过公司权力机关决议的限制等。在成文法中，并未规定善意第三人是否应当具有审查公司权力机关决议的义务。笔者认为，在公司对法定代表人权限未登记的情况下，善意第三人的判断问题，可以适用权利外观理论。从外观的存在要件上看，法定代表人身份对外公示，法定代表人具有代表公司从事外部交易活动的法定权利。交易相对人对法定代表人的身份进行登记，并未对法定代表人的权利限制进行登记公示，交易相对人认为法定代表人权利没有限制符合对法律规定的通常情况的信赖，已经登记的事项符合外观的存在要件。从交易相对人信赖的合理性上看，公司内部决议对其代表权的限制未对外公示时，交易相对人基于对登记的法定代表人身份的信赖，可以认为其享有代表公司对外交易的权限。交易相对人基于对商事登记记载的法定代表人身份，信赖法定代表人具有可以代表公司进行交易的权限。因公司未将意定限制进行公示登记，交易相对人认为公司内部未对法定代表人权限进行限制具有合理性，交易相对人审查公司内部决议要付出的成本更高，交易相对人并非公司的内部成员，难以知晓真实的情况，交易相对人只要对法定代表人身份的内部限制不明知，即可认定为符合善意的主观条件，为了保证交易效率，交易相对人并不需要负担审查公司内部决议的义务，只需要按照商事登记公示的内容判断法定代表人的权限即可。交易相对人在与代表人、负责人订立合同时不负有进一步调查该公司对代表人、负责人的代表权限制的义务,如法人或非法人组织无证据证明相对人知道或应当知道越权情形的存在,就应当推定相对人善意。从可归责角度考察,公司的法定代表人的权利限制应当进行登记但是并未履行登记义务,登记义务人具有可归责性。

在法定代表人对外代表权限具有法定限制时,是否应适用《民法典》第61条第3款的规定,意见存在分歧。"肯定说"认为,公司法定代表人存在法定限制时,仍然应当适用《民法典》第61条的规定,不能以法定代表人的对外权限限制对抗善意第三人。① "否定说"认为,在法定限制条件下,不能基于对身份的信赖而认为法定代表人具有对外担保的权限。② 笔者认为,在适用权利外观理论判断法定限制情形下的第三人的主观要件时,因第三人的信赖不属于合理信赖,其利益不应当获得保护。法定限制是指法律对法定代表权所作的限制。从交易相对人的主观善意方面进行判断,知晓法律规定对法定代表人的权限限制是商事主体应当知晓的。在商事交易活动中的每一个交易主体都视为谨慎、理性的人,对法律规定的情况不知晓并不属于善意相对人。法定限制属于不能通过身份而给予信赖,不能适用《民法典》第61条,交易相对人不能主张法定限制法定代表人权限的情形下对身份具有权限的信赖利益。因此,在存在代表权的法定限制情况下,相对人不能以不知道该法定限制为由主

---

① 参见周伦军:《法定代表人越权行为与善意第三人保护》,载《人民司法(应用)》2017年第28期。

② 参见李志刚等:《公司对外担保无效之赔偿责任》,载《人民司法》2020年第19期。

张其属于善意而构成表见代表。如果法定代表人违反《公司法》第 15 条的规定,未经公司决议擅自对外提供担保的,交易相对人不是善意,不具有信赖利益保护的基础。不符合权利外观理论信赖的合理性要件,不属于信赖利益应予保护的情形。

(二) 内部协议限制应登记未登记

合伙企业的普通合伙人具有代表全权,企业内部对普通合伙人对外代表权限的限制并不属于合伙企业必须登记的事项,合伙企业对这种限制不进行对外公示的,交易相对人可以基于法律规定的合伙企业的普通合伙人具有代表全权的法律规定,信赖普通合伙人的代表权。在合伙企业对普通合伙人的对外代表权限作出限制时,需要尽到公示的义务,不进行公示就推定相对人可以信赖基于法律规定普通合伙人具有权限。交易相对人基于登记记载的普通合伙人身份,而实际存在对外代表权限制的内部约定时,会出现真实与外观的分离。

《合伙企业法》第 26 条第 1 款规定了"合伙人对执行合伙事务享有同等的权利"。合伙企业对合伙人的权利限制,应当进行公示或者使善意相对人知晓,否则基于法律的规定,善意第三人对法律规定的一般情况产生的信赖,登记义务人的特殊情况便不具有抗辩的基础。善意相对人基于《合伙企业法》第 26 条的规定,获得了利益的保护。登记主体能承受未登记的后果。合伙企业对普通合伙人的对外代表权限作出限制,需要尽到公示的义务,不进行登记,属于能预见到商事登记可能造成交易相对人信赖的风险而放任风险的发生,符合风险归责的要件。合伙企业对于普通合伙人的权利限制未进行公示而造成第三人信赖就处于可归责状态。适用权利外观理论分析交易相对人的权利正当性,基于法律通常情况,合伙企业的合伙人具有代表合伙企业的权利,信赖的基础为法律规定的通常情况,符合外观的存在要件。在信赖的合理性要件方面，交易相对人已经与合伙企业的合伙人进行了商事交易，且不知晓合伙企业内部对于合伙人的权利限制。在可归责性要件方面，合伙企业对合伙人的对外权限限制后应当进行登记公示，但因未履行登记义务而造成了交易第三人信赖的危险，符合可归责要件。

二、变更事项应登记未登记

在登记事项内部变更的情况下，没有进行商事登记，即使已经完成变更，因未进行商事登记，也不应具有外部效力。如法定代表人变更并非登记生效，法定代表人的登记只是进行公示并不是设权，已经完成法定代表人身份变更，但是未经公示的，登记义务人不应以未变更登记的事项对抗交易相对人，因交易相对人对未登记的法定代表人并不知晓。

（一）变更法定代表人身份未登记

法定代表人的身份变更是根据公司内部程序变更，商事登记是公示而并非设权。法定代表人身份变更发生内部效力是根据公司决议，但法定代表人身份变更未经过商事登记的，不能取得外部效力，不能对抗交易相对人。适用权利外观理论，从外观的存在要件上看，法定代表人身份变更未经登记，原法定代表人身份已经登记，交易相对人信赖已经登记的原法定代表人身份，符合外观的存在要件。从信赖的合理性上看，交易相对人信赖已经登记的事项，对公司通过内部程序变更法定代表人的情况不明知，并且已经进行了交易行为，符合信赖的合理性。从可归责性上看，法定代表人身份变更之后，应当进行变更商事登记，未进行变更登记属于未履行法定义务的情形，具有可归责性。交易相对人对商事登记的信赖利益应予保护。但现行成文法中并未对此种情形进行规定，应对《民法典》第65条增加司法解释的规定。

(二) 变更出资期限未登记

股东的出资期限根据公司内部决议延长的,则股东的出资期限具有内部效力。变更出资期限未进行商事登记的,不具有外部对抗效力,因未经过商事登记的变更,交易相对人无法知晓公司内部变更出资期限的情况。交易相对人基于对商事登记事项的公示信赖,认为出资期限未变更,符合外观的存在要件。交易相对人信赖已经公示的信息,在不知晓公司内部延长出资期限的情形中,符合信赖的合理性要件。因股东延长出资期限的,对于变更事项负有登记义务,因未履行登记义务而造成交易相对人对已经公示信息的信赖,具有可归责性。通过权利外观理论适用条件分析可知,通过内部程序变更出资期限,但是未变更登记的,不能以变更后享有的延长出资期限利益对抗交易相对人。

综上,应登记未登记情形中,登记义务人通过内部程序变更应登记事项的,从内部效力上看,通过内部决议即发生内部效力,无论是否变更商事登记对于内部成员已经发生变更的效力。从外部效力上看,因变更的事项未经过商事登记变更,交易相对人无法知晓内部情况,对于变更事项不容易知晓,基于对商事登记事项未变更的信赖而进行交易的信赖利益,具有保护的基础,应登记而未登记事项不具有外部效力。《民法典》第65条应当包括应登记而未登记事项,产生的法律效果为登记义务人不能以应登记未登记事项对抗善意第三人对登记事项未变更的信赖。建议增加司法解释,在应进行商事登记而尚未登记的情况下,负有登记义务的人不得以应登记事项对抗善意第三人。

第四节　连续交易登记变更的外观责任

不同于上述的自始登记错误与应登记未登记情形,存在一种真实和外观的分开的问题。在登记变更情形下,商事登记事项随着主体情况的变化而发生变更,如法定代表人身份变更、股东身份变更、出资期限变更等。基于固定的业务联系使交易相对人对过去登记事项具有信赖,在连续交易中交易相对人未审查登记事项的变更状态,这样的信赖应得到保护具有正当性。

一、连续交易情形中的主体义务

(一) 登记义务人负担通知义务的合理性

《民法典》中并未规定登记义务人是否应当负有通知交易相对人的义务。以法定代表人身份变更为例,《最高人民法院关于在审理经济纠纷案件中涉及经济犯罪嫌疑若干问题的规定》第 6 条规定了在企业承包、租赁合同期满后,企业办理法定代表人的变更登记,没有及时采取措施通知相对人,致交易相对人经济损失的,依法应当承担赔偿责任。[1] 从这一条款可以推知,变更登记的登记义务人负担对交易相对人的通知义务,否则

---

[1] 《最高人民法院关于在审理经济纠纷案件中涉及经济犯罪嫌疑若干问题的规定》第 6 条第 1 款规定,企业承包、租赁经营合同期满后,企业按规定办理了企业法定代表人的变更登记,而企业法人未采取有效措施收回其公章、业务介绍信、盖有公章的空白合同书,或者没有及时采取措施通知相对人,致原企业承包人、租赁人得以用原承包、租赁企业的名义签订经济合同,骗取财物占为己有构成犯罪的,该企业对被害人的经济损失,依法应当承担赔偿责任。但是,原承包人、承租人利用擅自保留的公章、业务介绍信、盖有公章的空白合同书以原承包、租赁企业的名义签订经济合同,骗取财物占为己有构成犯罪的,企业一般不承担民事责任。

应当对交易相对人的损失承担赔偿责任。除上述规定的企业承包、租赁合同期满后的情形外,所有法定代表人登记事项变更登记的,登记义务人同样应负担通知交易相对人的义务。

从登记义务人负担通知交易相对人登记事项变更义务的目的,是保护交易相对人对登记事项未变更的信赖。在商事登记事项变更的情况下,交易相对人知晓变更登记的方式为查阅商事登记信息,在连续交易中,要求交易相对人在每一次交易中都审查商事登记,不符合交易的效率要求。而登记义务人知晓登记变更的情况,由其负担对交易相对人的通知义务,比交易相对人持续审查商事登记的交易成本更低。登记义务人负担通知义务更符合效率价值,将通知交易相对人的义务赋予登记义务人具有正当性。当登记义务人不履行告知义务时,其登记事项对抗第三人的权利应受到限制,交易相对人在持续交易中对法定代表人身份的信赖具有合理性,利益应获得保护。

在商事登记变更的情况下,由进行连续交易的交易相对人负担随时关注登记信息的变更情况的义务,还是由登记义务人负担通知义务,需要从商事登记制度的效率价值和交易安全价值考量义务分配。从交易效率角度考察,在商事登记事项变更情况下,交易相对人知晓变更登记的方式是查阅商事登记信息。在连续交易中要求交易相对人在每一次交易中都审查商事登记信息,会增加交易相对人的交易成本,而登记义务人知晓登记变更的情况,由其负担对交易相对人的通知义务,比交易相对人持续审查商事登记信息的交易成本更低,符合效率价值。从交易安全角度考察,对交易相对人基于连续交易对商事登记记载事项未变更的信赖利益进行保护有益于交易安全。在登记义务人不履行告知义务时,由登记义务人对交易相对人承担信赖责任,可以督促登记义务人履行将变更的登记事项告知连续交易的相对人的义务。

(二)连续交易的相对人信赖利益保护的合理性

在连续交易过程中,交易相对人基于对商事登记变更前的商事登记事项具有信赖利益,有理由相信在连续交易的过程中商事登记未变更。以法定代表人身份变更为例,在连续的交易过程中,A公司的法定代表人甲代表公司与交易相对人进行交易,在之后连续的交易往来中,交易相对人无须重新审查法定代表人甲的身份,对甲是A公司法定代表人的身份具有了信赖。而当A公司变更法定代表人时,交易相对人并不一定知晓变更事项,如果甲仍然以法定代表人的身份与交易相对人进行连续交易行为,交易相对人的信赖利益应当予以保护。交易相对人不知晓登记变更的情况而发生信赖事项与商事登记不一致的情形,如果允许登记义务人以已经登记的事项对抗交易相对人,则交易相对人的利益将受到影响。对于有固定的业务联系的交易相对人而言,在没有被通知登记事项变更时,会基于持续的交易行为形成的信赖,认为登记事项没有变更。如A公司的法定代表人甲已经变更为乙并办理了变更登记,但A公司并没有通知持续与甲进行业务往来的B公司,B公司基于对甲为法定代表人身份的信赖,以及持续交易关系的信赖——B公司并没有随时关注登记事项变更的义务——在因信赖法定代表人身份未变更而与甲进行交易的,甲行为的后果应当由A公司承担。

(三)交易相对人不应负担审查义务的合理性

从商事交易的效率价值和安全价值考量,交易相对人在连续交易中并不负担随时关注登记事项的义务。应登记的事项在进行正确的登记之后对第三人具有效力,在法定代表人变更之后对第三人生效,交易相对人为了保证自身利益,就会在每一次交易中都对法定代表人的权限进行审核。由此确定的交易相对人的义务应当是对登记事项随时关注。笔者认为,交易相对人负担随时关注商事登记事项的义务不符合法的效率价值。从交易相对人的信赖的基础来看,交易相对人是基于对商事登记记载的法定代表人身份的信赖而与之交易,在持续的交易行为中,可以认为法定代表人代表公司对外交易的权限始终存在。商事登记以实现效率价值和安全价值为目的,交易相对人如在每一次交易中都需要仔细核查法定代表人的权限是否存在,则是违背了交易效率需求,增加了交易成本。交易相对人基于对登记事项的信赖具有合理性,在持续的交易过程中,认为法定代表人的权限未发生变化。法律保护交易相对人对状态持续的信赖,有利于交易安全,对交易相对人信赖利益的保护符合法的安全价值。

二、权利外观理论在连续交易情形中的适用

(一)法定代表人变更情形下的适用

交易相对人对过去法定代表人身份登记的信赖应予保护,但应当符合特定条件。

1. 外观的存在

交易相对人基于对登记的法定代表人身份的信赖而与之交易,并且在持续的交易过程中,信赖始终存在,因交易相对人在持续的交易过程中并不会频繁查阅商事登记以确认信息的准确性,而是基于对商事登记记载的法定代表人身份的信赖,认为商事登记记载的法定代表人的身份未发生变化。

2. 信赖的合理性

从交易相对人信赖利益保护的角度出发,并不应当承担始终关注商事登记事项的义务。在法定代表人身份变更的情况下,如果没有法人的特别通知,应当认为法定代表人的身份持续,信赖具有合理性。如果交易相对人长时间未与公司进行交易,基于其过去法定代表人的身份而与之进行交易,则不具有信赖的合理性,交易相对人应当合理预见到法定代表人有可能变更。善意相对人是基于多年前对法定代表人身份的信赖而与之发生交易行为,相对人应当预料到法定代表人的身份已经变更,其负有进一步审查的义务。在此种情况下,相对人的信赖不具有合理性。商事登记义务人已经履行了对交易相对人登记事项变更的通知义务,如将企业内部的责任限制等告知相对人,其基于通知的事项排除了相对人信赖的合理性,法人的责任可以免除。对善意相对人的信赖是否具有合理性的判断,应当在具体案件中加以分析,以一般社会认知为判断标准。

3. 可归责性

适用风险归责原理,当登记义务人变更法定代表人时,应当预见到连续进行交易的相对人有基于信赖法定代表人身份而交易的风险,此时的登记义务人应当及时通知交易相对人法定代表人身份变更的事实,以避免商业风险。登记义务人不履行告知义务而仅进行商事登记变更,放任风险的发生,具有可归责性。法定代表人的法定代表权撤销虽然已经正当地进行了申报和登记,但并未通知交易相对人,则授权人还必须承担早先法定代表人的行为责任。A 为甲公司曾经的法定代表人,并频繁与乙公司进行业务往来,后甲公司变更法定代表人为 B,已经办理工商登记,但并未告知乙公司,此时甲公司具有告知乙公司 A 不再担任甲公司法定代表人的义务。如果甲公司未予通知,乙公司基于对频繁交易行为的推断产生对 A 法定代表人身份的信赖,便获得了被保护的条件。

建议对《民法典》第 65 条增加司法解释规定,登记义务人变更法定代表人的,登记义务人负有通知交易相对人法定代表人已经变更的义务。登记义务人不履行通知义务,交易相对人与法定代表人之间进行交易的,后果由登记义务人承担,但交易相对人明知法定代表人变更的除外。

(二)出资期限变更情形下的适用

出资期限已经登记公示的,交易相对人信赖已经公示的出资期限而与商事主体进行交易后,公司可以通过内部决议程序延长股东的出资期限。当事人交易完成,公司延长股东的出资期限并且进行变更登记,交易相对人对原出资期限内股东履行出资义务的信赖利益应当予以保护,对交易相对人信赖利益保护的合理性论证可适用权利外观理论。

1. 外观的存在

《公司法》第46条规定公司章程应当载明出资日期,《企业信息公示暂行条例》第9条规定了企业年度报告内容(包括出资时间)应当向社会公示;第10条规定出资时间通过国家企业信用信息公示系统向社会公示,股东出资时间应当准确、及时公示,是法律法规确定公司应履行的义务。变更前的出资时间已经进行商事登记,具有交易相对人信赖的外观。

2. 信赖的合理性

公司将股东认缴出资期限进行商事登记,交易相对人基于公开的登记事项,信赖股东能够在认缴出资期限内履行出资义务,交易相对人对原出资期限内股东实缴出资具有信赖利益。

3. 可归责性

公司决议延长股东出资期限后,变更商事登记记载的股东认缴出资期限,股东的出资期限利益的对抗效力不应及于信赖原出资期限的交易相对人。如公司在变更商事登记的出资期限后即可享有期限利益对抗债权人对原出资期限的信赖,则有违公平的价值考量。若股东以不断延长出资期限的方式拖延履行出资义务,会损害债权人的利益。交易相对人基于对原登记事项的信赖，认为股东在原出资期限内履行出资义务具有信赖利益。公司将股东认缴出资期限进行商事登记，交易相对人基于公开的登记事项，可以信赖股东能在认缴出资期限内履行出资义务。根据风险归责原则，登记义务人使交易相对人产生了对股东能在出资期限内履行出资义务的信赖，登记义务人比交易相对人更应当承担后果，这是对自己的风险负责。

第五节　权利外观理论不应适用的类型

一、真正权利人与外观登记人之间不适用

在真实权利人与商事登记人之间不能适用权利外观理论，任何一方均不会因对商事登记的信赖进行交易。如股权代持中的隐名股东和名义股东之间发生股权所有权的纠纷时，名义股东不能根据商事登记的记载主张实际权利，司法裁判中也并不以登记的记载事项进行判断，而应当就争议的内容进行审查。此种情形并不是权利外观理论适用的例外，而是由于不符合适用条件，故本就不应当适用权利外观理论。有学者认为，权利外观理论不适用于登记名义人与真实的权利人之间的关系，他们之间的关系应当按照实事求是的原则处理。[1] 笔者认为这一观点是正确的，但是应当明确，将权利外观理论适用于登记名义人与真实的权利人之间是对权利外观理论的滥用，不适用是对权利外观理论的正确认识，这并不是权利外观理论适用情形的例外。

---

[1] 参见崔建远：《论外观主义的运用边界》，载《清华法学》2019年第5期。

二、知悉真实情况的交易相对人不适用

交易相对人信赖利益保护的主观要件是交易相对人主观上的善意,明知登记事项与实际情况不一致,则不属于善意相对人。善意相对人知悉真实的情况时,明知商事登记事项与真实情况不符而进行交易,不具有保护的基础,不能以信赖登记为由主张权利。如股权代持案件中,相对人在明知名义股东与实际权利人的情况下,仍然与名义股东进行交易,其权利不应当受到保护。此种情况下对相对人知悉真实法律状态的举证责任,适用善意的推定,相对人无须自证其为善意,负担不利益的人需证明相对人知悉真实法律状态。

上述情况之所以排除权利外观理论的适用,第一种情况是因为权利或者权利外观仅停留在双方之间而非第三人主张,不符合权利外观理论保护交易安全的适用目的;第二种情况是因为不符合权利外观理论中第三人善意信赖的适用条件。

本章小结

商事登记制度是将商事主体的信息公开,降低交易相对人考察商事主体实际情况的成本,保护交易相对人因信赖商事登记事项而进行交易的利益,维护交易安全,提高交易效率,保护交易公平。《民法典》第65条未对实际情况与登记事项不一致的情形进行细致规定,应当对登记错误、应登记未登记情形进行细致规定。商事登记积极的对抗效力包括实际情况与登记事项一致时可以对抗善意相对人的意思,但是在连续交易情况下,交易相对人对登记事项未变更的信赖利益会因积极的对抗效力受

到损害,商事登记积极对抗效力存在例外。由于现行成文法规定不足,故权利外观理论适用于保护交易相对人信赖商事登记事项而进行的交易具有可行性。从价值评价的一致性上看,商事登记制度有益于维护交易安全、提高交易效率、促进交易公平,具有法的安全价值、效率价值、公平价值的考量。权利外观理论是以保护信赖利益为宗旨的私法理论,包含交易安全、效率、公平价值,二者在价值评价上具有一致性。交易相对人信赖的基础是商事登记记载事项真实,交易相对人因信赖而交易,信赖具有合理性。法律规定了登记义务人负有登记义务,在登记义务人具有可归责性时,交易相对人的信赖应予保护。若不符合权利外观理论的适用条件(如真正权利人与外观登记人之间因不存在信赖登记而产生的交易),在知悉真实情况的交易相对人因不符合信赖的合理性要件时不能适用。权利外观理论对《民法典》第 65 条的解释适用具有弥补成文法不足的作用,有利于解决司法实践中的纠纷。在登记错误、应当登记而未登记的情形中,可以适用权利外观理论解释《民法典》第 65 条。商事登记积极对抗效力存在例外,在登记事项已经变更的情形中,对于连续交易中信赖登记事项未变更的交易相对人,登记义务人积极的对抗效力受到限制。登记义务人不能以已变更事项对抗交易相对人对原登记事项的信赖,相关合理性论证需适用权利外观理论。

  我国商事登记制度可借鉴域外经验进一步完善。建议对《民法典》第 65 条增加司法解释,内容为:登记义务人进行错误登记的,善意第三人可以以登记事项向登记义务人主张权利,但第三人明知不正确的除外。在应进行商事登记而尚未登记的情形下,负有登记义务的人不得以应登记事项对抗善意第三人。变更登记事项的,登记义务人不能以变更后的登记事项对抗在连续交易中信赖登记事项未变更的交易相对人。

第三章　商事行为与权利外观理论

第一节　商事行为概述

一、商事行为的概念

我国至今没有制订商法典和商法通则,商事行为在我国不是一个法定概念。在其他大陆法系国家和地区,因商事立法模式不同,商事行为的内涵和外延也不完全一样。德国商法从企业业务的种类及经营方法出发,对商人的概念进行规定,将商人的行为作为商事行为,这种方式被称为主观主义。客观主义是以商法规定的各种营业活动行为的客观性作为出发点确定商事行为,将从事商事行为的人定义为商人。日本采取折衷主义方式,不论某种行为由谁实施都将其认定为商事行为,其他行为仅在被界定为经营行为时才属于商事行为,从事这种商事行为的人则被认定为商人。① 笔者认为，主观主义对身份具有确定性，但缺乏灵活性，不符合现代社会商事活动普及化的现实需求。客观主义对商事行为的类型作出界定，但客观存在的商事行为通过立法难以穷尽。折衷主义是将商事行为作为商法典的调整对象，再辅之以商人概念，以弥补商事行为概念的不足与遗漏，符合时代发展的需要。在我国，关于商人与商事行为"营利性"和"营业性"的核心特质已经获得了学理上的共识。② 因此，本书采用学理上通常认为的商事行为的定义，即法律主体以营利为主要目的而实施的，并且通常具有连续性的经营行为。③

二、商事行为与意思表示

意思表示是法律行为的工具，法律行为是旨在引起某种法律效果的意思表示。④ 法律行为的本质，旨在引起法律效果的意思实现，在于法律制度以承认该意思表示而于法律世界中实现行为人欲然的法律判断。⑤ 在我国，"民商合一"的立法模式已经既定，从法律适用上看，商事行为需要适用民事法律行为的规定。《民法典》第147～151条规定意思表示瑕疵或者意思表示错误可由当事人申请撤销，从法律适用上看，上述条款同样适用于商事行为。但是，商事行为和民事法律行为对意思表示的

---

① 参见[日]近藤光男：《日本商法总则·商行为法》，梁爽译，法律出版社2016年版，第13页。
② 参见施天涛：《商事法律行为初论》，载《法律科学（西北政法大学学报）》2021年第1期。
③ 参见范健：《商行为论纲》，载《南京大学法律评论》2004年第2期。
④ 参见[德]迪特尔·梅迪库斯：《德国债法总论》，杜景林、卢谌译，法律出版社2004年版，第143页。
⑤ 参见[德]迪特尔·梅迪库斯：《德国债法总论》，杜景林、卢谌译，法律出版社2004年版，第60页。

侧重有所区别,商事行为具有特殊性,如果适用上述规则,会损害交易安全和交易效率,因此,商事行为适用民事行为的规定存在障碍。

(一)意思说、表示说、效力说

在德国,萨维尼提出意思说,他认为"只有意思才是唯一重要和有效的"。① 由此得出的结论是,与意思不一致的表示不生效力。支持意思说的学者认为,因错误而导致的意思与表示不一致使表示无效。表示说产生于19世纪70年代,由贝尔首次提出,基于对错误情形的不同处理而产生。② 表示说的支持者认为,表示才是唯一重要和有效的,在意思表示发生错误时,由于确实存在一个表示,所以该表示具有绝对效力。表示说将意思表示定义为:它是一个根据交易习惯,通常在对各种事实情形进行评价的基础之上可以推论出特定意思的人的行为,人们无须考虑该结论就特定情形而言正确与否,也无须考虑行为人在作出意思表示时是否真正具有其作出的意思表示中所包含意思的内心意思。19世纪,学者们主要寻求解决意思瑕疵问题的方案,效力说作为新的理论,将意思表示理解为效果表示。效力说不赞同意思说主张的无效的理论,认为即使在错误的意思表示中也存在着有意识地使其产生效力的行为,即先存在一个有效的设权行为,而该行为只能通过另外一个行为(撤销行为)予以消灭。《德国民法典》中的规定是以意思说的无效理论为基础的,尽管意思表示的无效被弱化为可撤销。③

---

① [德]维尔纳·弗卢梅:《法律行为论》,迟颖译,法律出版社2013年版,第62页。
② [德]维尔纳·弗卢梅:《法律行为论》,迟颖译,法律出版社2013年版,第63页。
③ [德]维尔纳·弗卢梅:《法律行为论》,迟颖译,法律出版社2013年版,第67~69页。

在我国，民事法律行为要求意思与表示一致，只有当事人的意思与表示一致才能构成有效的表意行为；当表示与意思不一致时，法官应努力探求当事人的真实意思，并遵循诚实信用和交易习惯确定当事人的意思。[①]《民法典》第147~151条规定的可撤销情形，即表明应考虑表意人的真实意思，并以此改变其表示出来的不真实意思的法律效力。在商事行为中，当表示意思与真实意思不一致时，直接以表示意思为准，而不必考虑表意人的内心真实想法。这体现了对交易安全的有效维护。[②]

(二) 商事行为中的意思表示特性

1. 采用表示主义

在商事交易关系中采用表示主义，以表现出来的意思判断行为的效力，这表明在商事交易关系中强调交易安全与交易效率，以及行为人对资本经营和财产能力的判断。在商事交易关系中，意思表示是格式意思、标准性意思、统一性意思、外观性意思。意思源于法律的相关规定，形成行为的外观性和标准性。[③]不同于民事法律关系中的意思表示瑕疵和错误，商事交易关系中的商事行为被推定为理性人的经验行为。商事行为是由具备商务经验和能力的理性人所实施的行为，在理性人的假设中，行为能力判断、意思表示瑕疵和对意思表示自由的保护都处于次要位置，因而在商事交易关系中，行为人主张意思表示瑕疵而撤销表示行为的权利受到限制。在确定商事行为的效力时，在表示意思与真实意思不一致时，以表示意思为准，而不考虑表意人

[①] 参见最高人民法院民法典贯彻实施工作领导小组主编：《〈中华人民共和国民法典〉总则编理解与适用》，人民法院出版社2020年版，第719页。

[②] 参见范健：《商行为论纲》，载《南京大学法律评论》2004年第2期。

[③] 参见范健：《中国〈民法典〉颁行后的民商关系思考》，载《政法论坛》2021年第2期。

内心的真实意思。① 在人与人之间的外部法律交往中,作为权利和行为之规范的不能是内在、隐蔽的东西,只能是外在、可识别的东西。②

2. 意思表示瑕疵可撤销规则受到限制

决议瑕疵而赋予公司撤销决议的权力,但公司决议具有外部牵连性,决议撤销会对交易相对人的信赖产生不利影响。根据《民法典》第85条的规定,决议撤销的,营利法人根据该决议与善意相对人形成的民事法律关系不受影响。不同于《民法典》第155条规定的无效的或者被撤销的民事法律行为自始没有法律约束力,决议行为被撤销的,并不影响交易相对人对决议具有法律效力的信赖利益。这体现了商事行为的特殊性,表明决议行为被撤销不影响其外部效力。

在有价证券法领域,商事特别法的规定排除了意思表示规则的适用。《证券法》第117条规定,按照依法制定的交易规则进行的交易,不得改变其交易结果,但本法第111条第2款规定的除外。据此,即使投资者系基于受胁迫或者受欺诈而买卖证券,即使该买卖背离了投资者的真实意思,属于可撤销或可变更的民事行为,也不能因为当事人意思表示不真实而否定交易的有效性。③

因此,商事行为中的意思表示与民事法律行为中的意思表示具有显著的区别。《民法典》第一编中关于意思表示的规定难以适应商事行为意思表示的制度需求,应将商事行为从民事

---

① 参见施天涛:《商事法律行为初论》,载《法律科学(西北政法大学学报)》2021年第1期。

② Moritz Wellspacher, Das Vertrauen auf aubere Tatbestande imburgerlichen Recht, 1906 Enleitung 7, S. 102-119. 转引自杨代雄:《法律行为论》,北京大学出版社2021年版,第27页。

③ 参见叶林:《商行为的性质》,载《清华法学》2008年第4期。

行为中分割出来，区分和厘清民事法律行为和商事行为的不同特点，适用相应的制度规则处理问题。以商事行为的特殊性为基础，构造商事行为理论和制度体系，以满足商品经济体系的制度需求。

权利外观理论在商法中占据着重要的地位，这是因为商事行为的营利性和营业性导致商法的价值侧重于追求效率和安全，是权利外观理论适用于商事交易关系的基础。由于商事交易关系中的任何一项行为都有可能为其他行为的基础，某一环节出现差错而被判定无效，会导致之后的交易链条的法律效力受到影响。商法对于交易安全和效率的追求不能允许这样的后果发生，因此权利外观理论在商法中的适用体现了交易效率和交易安全优先的原则。

第二节　票据法中权利外观理论的适用

一、作为一般理论的权利外观理论

(一)常态票据移转与权利外观理论

出票人在票面上记载法定记载事项并署名，向相对人交付，并通过正当的转让方式，流通的票据行为系票据的常态移转。在正常票据行为的情况下，票据上的权利被转让。票据的常态移转构成票据的合法流通，票据流通即为债权转让。与民法上的债权转让的抗辩被同一性地移转不同，如果将民法上的债权转让抗辩规则适用于票据，那么票据背书转让的次数越多，受让人受到的抗辩也会越多，受让人对票据上的权利进行核实的成本也大大增加，影响票据的流通。因此，在票据法中并不适用民法中的债权让与抗辩被同一性转让的规则,而是采用抗辩限制规则,如《票据法》第 13 条第 1 款规定,票据债务人不得以自己与出票人或者与持票人的前手之间的抗辩事由,对抗持票人。对抗特定持票人的抗辩限制在特定的当事人之间行使,票据依法转让的,人的抗辩事由不随之转让。在常态票据移转中,票据抗辩限制制度保障了票据的流通。

德国、日本的票据法与《日内瓦统一汇票本票法》相同,都有"因汇票而被诉之人,不得以其与出票人或前手支票人间的个人关系发生的抗辩,对抗持票人,但持票人在取得汇票时明知其行为有害于债务人的除外"的规定。雅各比在其《票据法论》中认为,法律排除对票据债权抗辩的理由,在于取得人无法调查什么样的抗辩属于债务人可以对抗自己之前任何前手的关系;假使没有债务存在而有意签发票据的债务人,在票据转让时,必须令抗辩不随之移转而仅存在于原当事人之间。其中的原因在于债务人通过作成证券,对于证券从其后手向再后手移转负有责任,因此债权人不受这种场合所不能知晓的抗辩的对抗,是债务人必须自甘接受的。即使权利没有成立或者没有依行为人的意思成立,也必须使债权人能够如证券商的表征那样取得权利,因票据和所有书面债务一样是以流通为目的。① 雅各比认为抗辩限制制度的根据是权利外观理论。依照权利外观理论,外观的存在要件,即署名人以外的第三人持有具备票据要件的背书连续的票据自身就构成了外观。第三人信赖的合理行为,对于第三人而言债权按照证券成立,并依由此所引起的信赖接受票据,抗辩事由没有被记载于证券上。可归责性要件为,出

---

① 参见[日]木内宜彦:《特别讲义手形法小切手法》,东京,有信堂 1984 年版,第 55 页。转引自董惠江:《票据抗辩论》,中国政法大学 2006 年博士学位论文,第 27 页。

票人只要作成了为交易而确定的书面票据，即具有可归责性。因票据外观造成了第三人的信赖，那么第三人的权利不受来自债务人与其前手之间的抗辩的对抗。债务人不能以自己和持票人前手的抗辩对抗持票人，可见抗辩限制制度的根据是权利外观理论。[①] 在日本主流观点认为常态票据移转中的票据抗辩限制之根据来源于权利外观理论。

笔者认为，《票据法》中已经规定的票据抗辩限制的根据并非来源于权利外观理论，权利外观理论在常态票据移转中不具有适用的空间。权利外观理论是私法的一般原则。法律中已经明确规定，在限制票据债务人以抗辩事由对抗持票人的情况下，适用权利外观理论同样为保护交易第三人的利益，以维护票据流通，这便导致重复保护。从法解释学方法上看，法学理论可以在成文法存在法律漏洞时进行补充，而在现行成文法已经能够解决常态票据移转中的抗辩问题时，无须适用权利外观理论。权利外观理论适用条件考察，是在真实情况与虚假外观分离的时候，为了维护交易相对人的信赖利益，将外观视为真实。在票据常态移转过程中，不存在真实和虚假的分离，持有背书连续的票据符合票据的形式要件，票据常态移转所体现的票据权利移转中并不存在交易相对人对虚假外观的信赖。从可归责性要件上看，作成票据本身并不能认定为是一种可归责性。因此，在常态票据移转中，并没有权利外观理论的适用空间。

（二）非常态票据移转与权利外观理论

非常态票据移转是指票据非基于行为人的意思而使票据移转。如票据在署名后交付给相对人之前，因被盗、遗失脱离署名

[①] Ernst Jacobi, Wechsel-und Scheckreht 1956, S. 106. 转引自董惠江：《票据抗辩论》，中国政法大学 2006 年博士学位论文，第 27 页。

人之手而进入第三人的手中,或者委托保管的票据被违反委托人的意思进入流通等交付欠缺的场合,都属于非常态票据移转的情形。在非常态票据移转的情况下,因票据都不是基于行为人的意思而使票据移转,适用民法上法律行为的规定,在直接的当事人之间,票据债务不成立。这样一来,便会导致票据的流通和票据交易安全受到损害。在如何实现排除交付欠缺抗辩的问题上,关于票据行为的理论不乏讨论。

契约说认为,票据上的权利义务是基于交付人和受领人之间的契约(交付契约)而发生。[1] 出票人在票据上签名,并将票据交付相对人,双方之间的票据债务负担契约成立。依照契约说,没有交付,出票人不负票据债务。非因交付而进入流通的票据,持票人主张票据权利时,受请求人主张票据债务不成立就成为物的抗辩。适用契约说,欠缺对善意票据取得人的保护,而在票据的流通过程中,第三人很难知悉票据是不是基于合法有效的交付契约而进入流通的。如果签名人只对交付的票据承担票据责任,那么持票人的利益会受到损害,有害交易安全,不利于票据流通。契约说在解决非常态票据移转情形中,因缺乏对善意第三人利益的保护,与票据的流通价值相悖,故存在与票据流通不协调的结论,对受让人保护不足。

发行说认为,票据署名人基于自己的意思移转票据的占有时,票据署名人在票据上的债务发生。[2] 该学说主张票据债务的成立除必须有持票人的签名外,还须有交付行为的存在。按

---

[1] 参见[日]田边光政:《最新手形法·小切手法》(4订版),中央经济社2005年版,第139页。转引自董惠江:《票据法的坚守与发展》,载《中国法学》2010年第3期。

[2] 参见[日]田中诚二:《手形法·小切手法·上论·上卷》,劲草书房1968年版,第82页。转引自董惠江:《票据法的坚守与发展》,载《中国法学》2010年第3期。

照发行说的观点,票据在签章后交付前被盗或遗失,因向相对人的票据交付尚未进行,故出票人的票据债务不成立。这就与契约说遇到一样的问题,即在交付欠缺情况下,善意第三人的信赖利益无法得到保护。

创造说认为,根据票据行为人在票据上的署名就会发生票据债务。[①] 票据债务依票据行为人以签名为要件的单方行为而成立,其交付票据与否并不是票据债务发生的要件。无须另为票据交付,票据债务即自然发生;即使票据违反当事人的意思而被他人取得并被置于流通过程,仍然具有约束力。[②] 发生被盗、遗失等交付欠缺的情况,是个人的问题,署名人需要负担有效的票据债务。适用该学说,签名人只要在票据上签名即负责,对于恶意取得人也应负责的结果欠缺妥当性。

笔者认为,创造说具有保护善意第三人的优点,但仍存在理论自身难以自圆其说的缺陷。契约说和发行说在解决善意第三人保护方面存在不足,但可以适用权利外观理论进行弥补。在一般情况下,契约说和发行说可以作为确定票据债务发生和票据权利取得的票据理论,但在交付欠缺的情形中,在符合权利外观理论的适用条件时,票据债务人要对善意第三人负担票据债务。这样可以实现保护票据流通的目的。

(三) 权利外观理论在我国票据法中的作用

《票据法》第 20 条规定,出票是指出票人签发票据并将其交付给收款人的票据行为。从文义解释上看,《票据法》要求票据包括作成和交付两个部分,与契约说的要件特征相同。按照

---

① 参见[日]铃木竹雄=前田庸补订:《手形法·小切手法》,有斐阁 1992 年版,第 142 页。转引自董惠江:《票据法的坚守与发展》,载《中国法学》2010 年第 3 期。

② 参见吴京辉:《票据行为论》,中国财政经济出版社 2006 年版,第 40 页。

我国法律规定,如果存在交付欠缺的情形,票据债务未能有效成立,此时署名人或者本人可以对任何人主张物的抗辩,这便存在对善意交易相对人利益保护不足的问题。权利外观理论适用于弥补法律规定的不足。从价值评价上看,票据是流通证券,以保护交易安全和交易效率为目的,与权利外观理论所包含的保护交易安全和交易效率的价值一致。从适用的条件看,票据作为一种完全有价证券,其文义性、抽象性等特征,天然具备公示性的基础,符合外观的存在要件。在交付欠缺的情况下存在外观与真实的不一致,从票据的记载事项上看,并未体现交付欠缺的情况,交易相对人无法从票据的记载事项中查明交付欠缺的事实,具有对票据的流转不存在交付欠缺的信赖,符合信赖的合理性。票据债务人对票据债务的发生和票据权利取得的外观的形成,有可归责的事由时,符合可归责性,该债务人要对因信赖外观而取得票据的人负担依外观所产生的票据债务。权利外观理论在《票据法》中,所起的作用是弥补契约说的不足,保护票据移转中善意第三人的信赖利益,以维护票据的流通和安全,填补现行票据制度中的法律漏洞。

二、权利外观理论适用的具体情形

(一)交付欠缺情形中权利外观理论的适用

票据交付欠缺是指票据非因交付而发生移转的情形。比如,在票据经由背书转让至票据权利人后发生遗失或者被盗;或出票人或票据权利人将作成的票据交由他人保管,保管人未经出票人同意而将票据擅自转让的情形。以下以票据遗失和被盗的情形为例,研究权利外观理论在票据交付欠缺情形中的适用。

1. 司法实务中的问题

在福鑫公司与朗瑞公司、鹏硕公司、金宝公司票据返还请求权纠纷案①中，2011 年 10 月 20 日，邳州万兴钢材贸易有限公司签发银行承兑汇票，出票人为邳州万兴钢材贸易有限公司，收款人为福鑫公司，出票金额为 750 万元，出票日期为 2011 年 10 月 20 日，到期日为 2012 年 4 月 20 日。2011 年 10 月 27 日，福鑫公司以承兑汇票于 2011 年 10 月 21 日遗失为由，向法院申请公示催告，法院受理并于 2011 年 11 月 29 日发出公告。在公告期内，鹏硕公司于 2011 年 11 月 29 日向法院申报权利，法院裁定终结公示催告程序。福鑫公司向法院提起诉讼，认为福鑫公司的后手是朗瑞公司，朗瑞公司取得票据没有合法的依据，因此在其之后的转让行为无效，故请求确认票据权利为福鑫公司所有。鹏硕公司辩称，鹏硕公司取得票据是合法的，应驳回福鑫公司的诉讼请求。一审法院认为，福鑫公司已经在汇票上签章，完成了背书的必要形式要件，致使汇票流通并背书连续，福鑫公司是否丢失该汇票并不影响案外人享有的票据权利，故未支持福鑫公司的诉讼请求。二审法院认为，鹏硕公司已经于 2011 年 10 月 30 日合法取得案涉票据权利，福鑫公司无论为遗失票据还是转让票据，均不再是案涉票据的权利人，无权向鹏硕公司或鹏硕公司的后手主张权利，其返还票据的主张不能成立，不予支持，故驳回福鑫公司的上诉，维持原判。

  在该案中，福鑫公司在汇票上签章后交付前票据丢失，是票据非因交付而发生移转的情况。一审、二审法院以票据持有人鹏硕公司持有的票据符合必要形式要件，鹏硕公司是合法取得票据权利，福鑫公司丢失票据并不影响案外人的票据权利为由，对福鑫公司返还票据的主张不予支持。从法院裁判案件的法律适用上看，我国现有成文法未就此种情况予以规定，法院并

---

① 江苏省高级人民法院(2013)苏商终字第 89 号民事判决书。

未适用成文法的规定释法说理,裁判依据欠缺。法院的裁判结果保证了票据的流通,但法理依据并不明确。

在唐山中南国际旅游岛房地产投资开发有限公司(以下简称中南公司)与刘某生票据权利确认纠纷案①中,中南公司因票据转让取得票面金额 10 万元银行承兑汇票一张。出票人为江苏中南建筑产业集团有限公司无锡分公司,收款人为南通中昱建材有限公司,付款银行为招商银行无锡分行。出票日期为 2014 年 12 月 23 日,汇票到期日为 2015 年 6 月 23 日。2015 年 2 月 8 日凌晨 3 时许,沈某刚撬锁进入中南公司的财务室,盗取银行承兑汇票 104 张(含案涉票据)等财物。当日中南公司的财务人员向唐山市公安局海港经济开发区分局报案,随后又向无锡市崇安区人民法院申请公示催告。2015 年 2 月 12 日,无锡市崇安区人民法院在《无锡商报》进行公告,公告期为 150 日,同月 14 日刊登;同时对所涉银行承兑汇票进行挂失止付。2015 年 4 月 20 日,沈某刚以"东厚亮"虚假身份将票据背书转让给徐某兵。在公示催告期间,刘某生于 2015 年 7 月 3 日向法院申报票据权利,同日法院终结公示催告程序。中南公司向江苏省阜宁县法院提起诉讼,请求判令中南公司享有票据权利。刘某生主张其合法取得承兑汇票,享有票据权利,是合法的票据持有人。一审法院认为,中南公司举证证明案涉汇票的证据,可以证明其为案涉汇票的最后合法持有人。刘某生取得票据的时间在中南公司向法院申请公示催告期内,属于《民事诉讼法》规定的"公示催告期间,转让票据权利的行为无效"的情形。因此,判决中南公司享有案涉票据的实际权利。二审法院认为,案件的争议焦点是中南公司是否享有案涉票据的票据权利。中南

---

① 江苏省盐城市中级人民法院(2016)苏 09 民终 4012 号民事判决书。

公司通过合法途径取得案涉票据,结合票据被盗的事实,可以认定其为最后合法持有人。因刘某生取得票据的时间是在公示催告期间,根据《民事诉讼法》的规定,公示催告期间,转让票据权利的行为无效,故刘某生无权根据公示催告期间转让票据的行为主张权利。综上,驳回刘某生的上诉请求,维持原判。

在该案中,中南公司将案涉票据锁入财务室,因他人的盗窃而丧失票据,是票据非因交付而发生移转的情形。持票人刘某生主张其享有合法的票据权利,法院认为因其在公示催告期间内取得票据,根据2021年《民事诉讼法》第227条第2款的规定,公示催告期间,转让票据权利的行为无效,故持票人不能享有案涉票据的票据权利。在票据被盗的情况下,最后持票人不能取得票据权利是由于在公示催告期间内取得票据。在上述案例中,是发生票据遗失或被盗的情形。

上述案件中均未有实体法的法律适用,成文法未对此种情况作出规定。从司法实践中的说理方法来看,未适用法学理论对成文法中的不足予以补充。从票据法保护票据的流通价值,以及维护票据交易安全的立法价值来看,对善意相对人的利益不予保护有违立法本意和票据制度的目的。因此,建议适用权利外观理论以弥补现行制度存在的不足。

2. 权利外观理论的适用条件

第一,外观的存在。票据所有权的外观是持票人以占有的方式体现,票据权利的外观是由票据上的背书连续和记载事项完备体现的。当第三人持有出票人签章的票据,票据记载事项完备、背书连续时,构成了外观的存在。在交付欠缺中,失票人签章后票据遗失或被盗,票据的外观上并不存在瑕疵的情形。签章人以外的第三人持有记载事项完备、背书连续的票据,构成了善意相对人信赖的外观。当出票人签章的票据在第三人手中时，就可以理解为出票人是基于有效的意思表示作成、交付票据，负担票据债务，符合外观的存在要件。

第二，信赖的合理性。一般认为，第三人在取得票据时无恶意或重大过失即为合理信赖。在欠缺交付的票据移转中，受让人不明知或者并非因重大过失而不知道票据存在遗失、被盗的情况，可以认为符合善意的条件。交易相对人在审查票据记载事项、背书连续之后，可以认为其信赖具有合理性。在欠缺交付的票据移转中，只要受让人不知或不能知票据上存在交付欠缺的情况，其就可依善意取得票据权利。反之，如果第三人在受让票据时存在恶意或重大过失，则不能取得票据权利。从主观状态的举证责任分配上看，信赖的合理性的认定并不需要第三人自证其不知晓票据存在遗失或被盗的情况，而是由债务人主张持票人主观上不符合善意的要件，需要证明第三人在主观上存在恶意或者重大过失。

第三，可归责性。根据风险归责原则，在欠缺交付的票据移转情形下，签章人作成票据，应当知晓自己作成行为已经具有签章人承担票据债务的外观，一旦票据进入流通，会引起第三人的信赖而受让票据。从风险负担的角度看，票据作成和流通签章人都有能力掌握票据，对于风险的防范，签章人更有能力避免风险，故由签章人承担不利后果具有合理性。在票据丢失的情形下，是失票人由于自己的疏忽大意，违反了对自己事务的注意义务而导致票据丢失，故存在归责事由。由失票人承担不利后果是合理的。在票据被盗的情形下，失票人采取了比一般人注意义务更高的保护措施而票据仍被盗，则本人对票据的被盗不具有可归责的原因。在此种情形之下，令失票人承担不利后果则有失公平。从避免风险发生的成本考量，签章人应当尽到保管义务以避免被盗或遗失的情况发生，如因可归责于签章人的原因而发生票据流通,由其承担责任,而不是由善意第三人承担不利后果,具有正当性。

适用权利外观理论分析上述案件。在案例一中,从外观的存在要件上看,失票人福鑫公司已经在汇票上签章,完成了背书的必要形式要件,致使汇票流通并背书连续,票据的记载事项符合外观的存在要件。从信赖的合理性要件上看,鹏硕公司在取得票据权利时不明知或者因重大过失而不知票据存在遗失的情况,在审查票据记载事项、背书连续之后,其信赖具有合理性。从可归责性上看,失票人福鑫公司遗失票据,从风险归责原则出发,失票人应当尽到注意义务,由于疏忽大意,违反对自己事务的注意义务而导致票据丢失,故符合可归责性要件。适用权利外观理论与法院的裁判结果一致,失票人主张返还票据的主张不能成立。在案例二中,从可归责性要件上看,中南公司将案涉票据锁入财务室,因他人的偷盗行为而丧失票据,从主观上并非对票据被盗给予原因,属于尽到了注意义务仍无法避免的情况,在此情况下由中南公司承担不利后果有失公平。适用权利外观理论判断与法院的裁判结果一致。

法院适用 2021 年《民事诉讼法》第 227 条第 2 款"公示催告期间,转让票据权利的行为无效",是对票据行为的效力增加了要件,即需在非公示催告期间转让票据。2021 年《民事诉讼法》第 227 条第 2 款规定,公示催告期间,转让票据权利的行为无效。2000 年《最高人民法院关于审理票据纠纷案件若干问题的规定》第 34 条规定,在公示催告期间,以公示催告的票据质押、贴现,因质押、贴现而接受该票据的持票人主张票据权利的,人民法院不予支持,但公示催告期间届满以后人民法院作出除权判决以前取得该票据的除外。2000 年《最高人民法院关于审理票据纠纷案件若干问题的规定》第 34 条对 2021 年《民事诉讼法》第227条第2款的适用范围进行了限缩,但并未规定在交付欠缺情况下,非票据质押、贴现情况下,票据持票人主张票据权利的,人民法院应否支持。如认定合法持票人在公示催告期间内取得票据权利的行为无效,是要求票据移转中,除审查票据的必要记载事项和背书之外,还需要审查是否在公示催告期间内,但从现行查询公示催告的方式来看,票据移转过程中查询公示催告不够便捷,需要付出查询成本,加入此条件会增加票据流通的风险,不利于票据的流通。因此,在交付欠缺的情况下,非票据质押、贴现情况,在符合权利外观理论适用条件时,即使在公示催告期间内转让票据权利,也不应认定票据权利的取得行为无效。故2021年《民事诉讼法》第227条第2款的适用范围应当限缩。

3. 适用的法律效果

首先,失票人不能以交付欠缺为由进行抗辩。票据取得人向失票人主张票据权利时,失票人不能以票据被盗、遗失作为抗辩理由,拒绝向票据取得人付款。失票人在票据上进行了有效签章,成为票据上的债务人,失票人因其签章须向持票人履行票据责任,失票人不能对抗善意的持票人。失票人遗失票据或者未经妥善保管而导致票据移转的,失票人具有可归责性,应承担票据责任。在失票人极尽保管义务,而因他人盗窃行为而失去对票据的占有,失票人不具有可归责性,由其承担票据责任不具有公平性。此时失票人应当负担举证义务,证明其不存在可归责性。

其次,2020年《最高人民法院关于审理票据纠纷案件若干问题的规定》第68条第1款规定,付款人或者代理付款人未能识别出伪造、变造的票据或者身份证件而错误付款,属于《票据法》第57条规定的"重大过失",给持票人造成损失的,应当依法承担民事责任。付款人或者代理付款人承担责任后有权向伪造者、变造者依法追偿。笔者认为，在交付欠缺的情况下，失票人不能要求付款人承担错误付款责任，付款人对票据进行形式审查，根据票据的记载事项，无法识别是否存在欠缺交付的情况，在背书连续的情况下，付款人有理由认为并不存在交付欠缺的情形，要求付款人承担过于严苛的审查义务，不具有合理性。付款人向持票人付款，付款责任因履行而消灭。付款人付款后，票据上的债权债务关系消灭。原权利人不能向付款人主张错误付款责任，付款人向持票人付款后，失票人不能要求付款人承担错误付款的责任。

综上，在现行成文法并未规定交付欠缺的情况下，善意相对人的利益应当如何保护，权利外观理论针对票据交付欠缺的情况，可以作为法律漏洞补充的理论发挥应有的作用。

(二) 票据伪造情形中权利外观理论的适用

1. 票据伪造的情形和一般法律效果

《票据法》中并未对票据伪造进行定义，在第14条第1款、第2款对伪造票据作了如下规定："票据上的记载事项应当真实，不得伪造、变造。伪造、变造票据上的签章和其他记载事项的，应当承担法律责任。票据上有伪造、变造的签章的，不影响票据上其他真实签章的效力。"对伪造票据行为中的伪造是形式伪造还是内容伪造存在不同主张，"形式伪造说"认为，票据伪造是行为人仿照真实的票据形式、图案、翻色、格式、质地，通过印刷、复印、绘制等手法，非法制作票据的行为。[①] "内容伪造说"认为，票据伪造是行为人假冒他人在票据上为一定票据行

---

① 参见郎胜主编：《〈关于惩治破坏金融秩序犯罪的决定〉释义》，中国计划出版社1995年版，第74页。

为,包括出票、背书、承兑和保证行为等。① 笔者认为,票据伪造不应当包括形式伪造,只能是内容伪造。形式伪造仅仅是伪造出了票据的形态,本质上不能带来票据权利,此种情况下的伪造并未形成有价证券,不能认定为伪造了票据。内容伪造,是在票据上进行记载,完成票据上签章、签名的伪造,因伪造签章和签名构成了虚假票据行为,属于伪造票据。在《日内瓦统一汇票本票法》第7条规定,票据伪造,如汇票上有无承担责任能力人的签名,或伪造的签名,或仿造的签名,或因其他任何理由能使签名者或被代的人承担义务的签名,其他签名人应负之责仍然有效。② 票据伪造是内容的伪造,是假冒他人或虚构他人名义而进行的票据行为,而并非票据形式的伪造。票据伪造的定义应为,以行使票据权利为目的,假冒他人或虚构他人名义为出票行为或出票行为以外的其他票据行为的行为。③ 票据伪造的对象只是票据签章,伪造者的目的是通过在票据上伪造债务人签章获得不当权利。如公司职员盗用公司印章签发支票、票据拾得人假冒票据权利人在票据上背书行为等。

票据伪造的法律后果在《票据法》中规定为,票据上有伪造签章的,不影响票据上其他真实签章的效力。票据伪造行为因为违法而不能获得法律行为的效果,并且按照不署名者不负票据责任的原理,一般不能令伪造人和被伪造人承担票据责任,伪造票据的行为是无效的,即使持票人为善意,伪造人和被伪造人一般不承担票据责任。票据伪造的类型有很多种,如私自模仿

---

① 参见赵秉志主编:《金融诈骗罪新论》,人民法院出版社2001年版,第71页。

② 参见董惠江:《我国票据伪造、变造制度的设计——围绕〈票据法〉第14条展开》,载《法商研究》2018年第2期。

③ 参见汪世虎:《票据法论制度比较研究》,法律出版社2003年版,第139页。

他人的签名和仿制他人的印章,随意利用为他人保管的印章,盗用他人印章,无权限的人以本人名义印章。① 在上述行为中,如果被伪造人对伪造人授予了某种形式的代理权限或者职务权限,作为票据取得者的相对方信赖票据行为人的代理权限或代行权限,可以适用表见代理,但如果出现被伪造人将印章交由伪造人使用或者保管的情形,或者被伪造人自己对印章未尽到应有的保管义务致使印章被盗用,是无法适用民法中的表见代理制度的。在此种情况下,如票据持有人向被伪造人主张票据金额的请求时,在司法实践中,由被伪造人以被伪造的票据对自己无效进行抗辩。以下通过裁判文书网中的案例进行分析。

2. 司法实务中的问题

在晋宏康源商贸中心与玉禾公司票据追索权纠纷案②中,晋宏康源商贸中心持有玉禾公司出具的支票,向银行申请兑付被拒,晋宏康源商贸中心向一审法院请求由玉禾公司承担票据责任。玉禾公司辩称,案涉票据中的授权人、付款金额和签发时间并非玉禾公司填写,玉禾公司也没有授权委托他人填写,票据是伪造的,票据上的财务章和法定代表人的名章是王某如盗用公司公章加盖的。玉禾公司作为转账支票的被伪造人,不承担支付支票记载金额的义务。法院认为,晋宏康源商贸中心持有的玉禾公司出具的支票记载事项符合《票据法》的相关规定,应为有效票据,玉禾公司须按照其签发支票的金额承担向晋宏康源商贸中心付款的责任,故判决支持了晋宏康源商贸中心的诉讼请求。

---

① 参见董惠江:《我国票据伪造、变造制度的设计——围绕〈票据法〉第 14 条展开》,载《法商研究》2018 年第 2 期。
② 北京市房山区人民法院(2019)京 0111 民初 4026 号民事判决书。

在中宇公司与西子西奥公司票据纠纷案①中,电子商业承兑汇票的记载事项为,出票人及承兑人为中宇公司,收票人为吉光公司,出票日期为 2018 年 6 月 11 日,汇票到期日为 2019 年 6 月 10 日,中宇公司承诺到期无条件付款。吉光公司于 2018 年 7 月 11 日将汇票背书转让给广森公司,广森公司于 2018 年 7 月 17 日背书转让给西子西奥公司。西子西奥公司是汇票的持票人,汇票到期后,西子西奥公司通过电子商业汇票系统向中宇公司提示付款。2019 年 6 月 10 日查询汇票处于提示付款待签收状态,2019 年 6 月 29 日查询显示汇票"提示付款已拒付"。西子西奥公司向法院提起诉讼,向出票人中宇公司主张票据权利。中宇公司辩称,票据是伪造的,因中宇公司的网银操作员毕某达在工作中涉嫌刑事犯罪所致,根据被伪造签章者不承担票据责任原则,中宇公司不应当承担责任。法院认为,案涉汇票系电子汇票,电子商业汇票系统显示中宇公司的出票必要记载事项齐全、背书连续,因中宇公司的员工毕某达负责出票,其出票行为是职务行为,责任应当由中宇公司承担,故判决中宇公司向西子西奥支付汇票款。二审法院认为,因中宇公司并未授权其工作人员毕某达在汇票上签章,案涉票据中汇票上的中宇公司签章属于伪造,但中宇公司的签章真实,应就签章的真实性向西子西奥公司承担票据责任。根据表见代理的规定,毕某达系中宇公司负责网银工作的员工,如经中宇公司授权,毕某达即有权代表中宇公司出具汇票,虽然其没有代理权,但是相对人可以根据毕某达在中宇公司的职责范围及案涉汇票签章真实的实际情况,相信案涉汇票系根据中宇公司的真实意思表示出具,毕某达的行为构成表见代理,法律后果应由中宇公司承担。

---

① 黑龙江省哈尔滨市中级人民法院(2020)黑 01 民终 974 号民事判决书。

上述案件均为票据伪造的情况下,持票人向被伪造人主张票据权利的案例。案例一为被伪造人将印章交由伪造人使用或者保管;在案例二中,被伪造人对印章未尽到管理义务致使印章被盗用。从法院的裁判结果上看,认定被伪造人需要承担票据责任,在法律根据论证方面存在不足,笔者认为适用权利外观理论解决票据伪造的问题比类推适用表见代理制度更为适合。

3. 适用表见代理与权利外观理论的比较

笔者认为,类推适用无权代理不能涵盖票据伪造的所有情形。从票据伪造和表见代理的共性上看,均为无权者以本人名义在票据上签章,但从信赖的要件上看并不相同。表见代理的信赖为相信行为人具有权限的充分理由,在票据伪造中,行为人盗用他人印章在票据上签章时,行为人不显现于票据上,相对人并非基于票据上的记载事项产生信赖,并非对票据记载事项之外的非票据关系当事人的信赖,适用表见代理与票据的文义性原理相冲突。从相对人愿意接受票据的理由上看,表见代理是信赖行为人具有使用印章的权限,而在票据关系中的信赖是认为票据本身是有效的票据,并且转让行为是有效的,并非对具有代理权限的信赖。① 从类推适用的原则上看,需要规范案型与欲适用案型具有类似性为前提条件,因无权代理不能涵盖所有的票据伪造的类型,运用民法中的表见代理分析票据伪造行为,存在用民法思维解读商事行为的情况,不能完全匹配。如在上述案例二中,法院认为毕某达系中宇公司负责网银工作的员工,属于职务行为构成表见代理,但在票据关系当中,毕某达在无授权的情况下,出具中宇公司的电子汇票,在票据记载事项上并未显示毕某达的签章,而仅是显示中宇公司的签章,西子西奥

---

① 参见董惠江:《我国票据伪造、变造制度的设计——围绕〈票据法〉第14条展开》,载《法商研究》2018年第2期。

公司并非中宇公司的直接后手,其取得票据并非基于对毕某达具有代理权限的信赖,而是认为票据本身有效并且转让行为有效,其信赖并非基于代理权限的信赖,适用表见代理制度分析票据伪造的问题存在不足。

对票据被伪造人承担责任进行论证应当适用权利外观理论。票据伪造的记载事项存在真实与表象的分离,真实的情况为票据签章是伪造的,而票据的表象是记载事项齐全、背书连续,与票据真实并无不同。票据在流通中,交易相对人信赖票据本身有效并且转让行为有效,其信赖利益具有保护的基础,是为了保护交易安全和交易效率。从权利外观理论适用的条件上看,在票据伪造,如公章被盗用或违反使用授权在票据上加盖印章的情况下,根据票据的书面性、文义性的特点,票据伪造的外观为记载事项齐全、背书连续,符合外观的存在要件。签章本身是真实的,交易相对人对票据上的签章系本人真正实施的票据行为具有合理的信赖,符合信赖的合理性要件。在可归责性方面,被伪造人没有在票据上亲自署名,而且也没有对伪造人授权,如果出现被伪造人将印章交由伪造人使用或者保管的情形,或者伪造人违反印章使用的授权实施票据行为,也包括被伪造人自己对印章未尽到应有的保管义务致使印章被盗用,被伪造人具有可归责性。① 在此种情况下,交易相对人对印章是正常使用具有信赖,被伪造人需要对交易相对人承担责任。从适用的效果上看,被伪造者不负票据责任不应绝对化,忽略对票据取得人的利益保护,将有害于票据流通。因此,在伪造行为的发生,存在可归责于被伪造人的事由,取得人有信赖的合理性时,被伪造人应当承担票据责任。在此种情况下,应当适用权利

---

① 参见董惠江:《我国票据伪造、变造制度的设计——围绕〈票据法〉第14条展开》,载《法商研究》2018年第2期。

外观理论,以维护善意票据取得人的信赖利益。

(三)票据变造情形中权利外观理论的适用

1.票据变造的情形和一般法律效果

票据变造,是指没有变更权的人,以行使票据权利为目的,在已经有效成立的票据上,变更签名以外的其他记载事项,从而使票据权利义务的内容发生改变的行为。① 票据变造针对的是票据签章以外的记载事项,变造人的目的通常是通过扩大票据金额等方式变更票据内容,从而获得更大的票据权利。票据变造是在已经有效成立的票据上施加变更行为,法律效果和法律责任遵从变造前后不同的签章人各依变造前后不同文义负责的法理。根据《票据法》第14条第3款的规定,票据上签章外的记载事项被变造的,在变造之前签章的人对原记载事项负责,在变造之后签章的人,对变造之后的记载事项负责。变造前署名的人对变造具有可归责事由时,如未尽注意义务,在不应留有空隙的地方留白,为变造票据提供可能,对票据变造有可归责性的署名人,应对变造之后的记载事项负责。从域外法考察,《美国统一商法典》规定,如果任何人的疏忽对造成票据的重大涂改或无授权签名具有重大关系,该人即无权依据此种涂改或无授权对抗正当持票人,或对抗已善意支付票据的受票人或其他付款人,只要该受票人或付款人遵守了自己业务上的合理的商业标准。这一条款是对票据变造有可归责性的署名人,不能主张票据变造的抗辩的规定。我国现有成文法对票据变造具有可归责性的署名人归责并无依据,从《票据法》第14条的文义上看,不能使对变造提供实质机会的人承担变造后的责任。从

---

① 参见董惠江主编:《票据法教程》,对外经济贸易大学出版社2009年版,第62页。

维护票据流通价值和安全价值考量,具有可归责性的人应当承担责任,以保护善意取得人。此种情况下可以适用权利外观理论弥补成文法中的不足。

2. 权利外观理论的适用

票据变造的记载事项存在真实与表象的分离,真实的情况是票据签章以外的记载事项被变造,而票据应当是记载事项齐全、背书连续。在票据流通中,交易相对人信赖票据本身有效并且转让行为有效,其信赖利益具有保护的基础,是为了保护交易安全和交易效率。从外观的存在要件考察,票据署名人已经在票据上签章,具备了背书的必要形式要件,票据进入流通且背书连续,票据的记载事项符合外观的存在要件。对票据变造具有可归责性的署名人进行归责应适用权利外观理论。[①] 从信赖的合理性要件上看,持票人在取得票据权利时不明知或者因重大过失而不知票据存在变造的情况,在审查票据的记载事项和背书连续后,认为票据未经过变造而取得票据,符合信赖的合理性要件。从可归责性上看,票据署名人对票据变造提供了实质机会,如在票据不应存在空隙和余白的地方为变造提供余地,署名人应当对记载方法悉心注意,因其不恰当的行为造成的票据被变造的风险,存在可归责性。[②] 适用权利外观理论进行判断,对票据变造有可归责事由的署名人,不能对持票人主张票据是变造的抗辩。因此,在票据变造的情形下,对票据变造提供了实质机会的署名人,存在可归责的事由,持票人有信赖的合理性时,署名人应当承担票据责任。在此种情况下适用权利外观理

[①] 参见董惠江:《中国票据法理念与立法技术的反思》,载《环球法律评论》2020年第5期。

[②] 参见董惠江:《中国票据法理念与立法技术的反思》,载《环球法律评论》2020年第5期。

论可以保护善意持票人的利益。

第三节　证券法中权利外观理论的适用

《最高人民法院关于审理证券市场虚假陈述侵权民事赔偿案件的若干规定》中,对证券市场因虚假陈述引发的民事赔偿案件作出规定,内容包括虚假陈述民事赔偿的诉讼方式、虚假陈述的认定、归责及免责事由、损失认定等。随着经济和发展的需要,证券市场发展迅速,虚假陈述的法律规定在满足司法实践的需要中显现出不足。在司法实践中,证券虚假陈述损害了投资者的利益,《证券法》并未对虚假陈述进行集中规定,相关规定散见于不同条款中。如第85条规定,有虚假记载、误导性陈述或者重大遗漏,致使投资者在证券交易中遭受损失的,信息披露义务人应当承担赔偿责任。这一规定,对虚假陈述的民事责任过于笼统,不具有操作性。在虚假陈述与投资者损害之间的因果关系认定方面,以侵权责任论证方式为中心解决虚假陈述的民事赔偿问题,在实践中多根据侵权责任构成要件解决实际问题,不能满足司法实践的需要,对投资者利益保护的理论基础方面的研究存在不足。

一、信息披露制度概述

(一)概念

证券市场虚假陈述,是指信息披露义务人违反法律、行政法规、监管部门制定的规章和规范性文件关于信息披露的规定,在披露的信息中存在虚假记载、误导性陈述或者重大遗漏,对此人民法院应当认定为虚假陈述。① 重大事件,是指对投资者进行投资判断时有重大影响的信息或事件。重大性主要是指对证券价格影响的重大性,凡是对证券价格有重大影响的事件、事项或信息,都具有重大性。②

(二)违反信息披露义务的民事责任性质

对证券虚假陈述民事责任的性质有契约责任说、法定责任说、侵权责任说和区分责任说等。

契约责任说认为,不实信息披露致投资者作出错误投资决断所造成的是纯粹经济上的损失,适用契约法具有合理性。③在证券发行阶段,发行人与投资者之间订立合同,发行人的虚假陈述违反了合同约定,应当承担违约责任。笔者不赞同契约责任说的观点,从法律规定的虚假陈述的行为人的身份看,可以为发起人、控股股东或者证券承销商、证券上市保证人、会计师事务所、律师事务所等中介服务机构,投资者并非与所有的虚假陈述行为人都具有合同关系。

侵权责任说认为,证券虚假陈述的民事责任为侵权损害赔偿责任,《最高人民法院关于审理证券市场虚假陈述侵权民事赔偿案件的若干规定》将信息披露不实的民事责任认定为一种侵权责任,此为学界通说。④

法定责任说认为,证券法规定的虚假陈述民事责任的性

---

① 《最高人民法院关于审理证券市场虚假陈述侵权民事赔偿案件的若干规定》第4条第1款。
② 《证券法》第80条第2款、第81条第2款是关于重大事件的规定。
③ 曹顺明、郎贵梅:《我国信息披露不实的民事责任及其立法完善》,载《当代法学》2002年第4期。
④ 参见王利明:《我国证券法中民事责任制度的完善》,载《法学研究》2001年第4期。

质,是证券法特别规定的责任,是一种法定责任。① 通过立法的方式明确规定虚假陈述民事责任的具体制度与适用,不再通过合同规则或侵权规则进行推导。由于在侵权规则和合同规则中,民事责任的产生必须按照法定的一般责任规则进行推导,导致确定证券虚假陈述民事责任的成本极高,法定责任说可以通过减轻举证责任,扩张对民事救济的适用。笔者认为,法定责任说具有部分合理性,从证券交易的效率价值考量,投资人不应当负担较为严苛的举证责任,采用侵权归责和合同归责原理与证券制度的价值目标具有一定的差异。但是,法定责任说过于笼统,任何一种责任的归责皆因违反法律规定的义务所致。

违约责任与侵权责任竞合说认为,证券虚假陈述是证券发行人、承销人和其他中介机构违反信息披露规定的行为,是违约责任,同时也是对证券法法定义务的违反,应构成违约责任与侵权责任的竞合。投资者应当具有选择权,既可以主张撤销合同的缔约过失责任,也可以提起违约之诉、侵权之诉。②

学理上争论其性质的本质是借助这种性质所责任的构成体系推演违反信息披露义务的责任的构成,但不能简单地套用合同责任或侵权责任的责任构成体系。③ 通说将虚假陈述的责任构成套用侵权责任的责任构成体系在合理性方面有所欠缺。首先,从法律体系中的类似制度的归类来看,违反信息披露制度与商事登记制度类似,都体现为违反信息公示义务。法律规定对商事登记应当作出正确的登记公示,但因不履行登记义务致登

---

① 参见饶爱民:《证券虚假陈述民事责任性质之界定》,载《法治研究》2010年第4期。

② 参见陈洁:《证券民事赔偿制度的法律经济分析》,中国法制出版社2004年版,第36页。

③ 参见石一峰:《违反信息披露义务责任中的交易因果关系认定》,载《政治与法律》2015年第9期。

记瑕疵而导致他人信赖,结果为不能对抗交易第三人的法律效果,是因对法定义务的违反而导致的归责,而并非认定行为本身是侵权行为。信息披露的本质是信息公示,上市公司公告是商事登记信息之外企业信息公示的有益补充,都是为了提高交易效率,保障交易安全。① 其次,证券因果关系的论证与侵权行为因果关系的论证思路并不一致,证券法中采用的是美国证券民事赔偿制度的欺诈市场理论,假定市场是有效的,投资者根据市场价格买进股票就意味着基于对虚假陈述行为的信任买入股票,只要买进,就可以认定存在交易因果关系。适用信赖推定原则,②基于保护投资者利益的考量,只要满足特定的条件,就假定交易因果关系的存在,而侵权行为并不能适用推定。最后,侵权法中的连带责任适用于证券虚假陈述民事责任中,不符合对公平价值的考量。在侵权主体的认定上,对中介机构及其他市场利益相关人在公司虚假陈述背后予以协助,构成教唆、帮助侵权应当承担连带责任的认定,由此导致的责任与虚假陈述参与人行为获益程度不对称,按照参与责任人的参与、过错程度判定其应承担的赔偿责任,更有利于证券市场的健康发展。③

从域外法进行考察,美国法上将证券虚假陈述认为是一种不同于合同责任和侵权责任的独立的责任体系。④ 德国法上的

---

① 参见石一峰:《违反信息披露义务责任中的交易因果关系认定》,载《政治与法律》2015 年第 9 期。
② 参见翁晓健:《证券市场虚假陈述民事责任之比较研究》,载《厦门大学》2003 年博士学位论文,第 132 页。
③ 参见耿利航:《美国证券虚假陈述的"协助、教唆"民事责任及其借鉴——以美国联邦最高法院的判例为分析对象》,载《法商研究》2011 年第 5 期。
④ 参见齐斌:《证券市场信息披露法律监管》,法律出版社 2000 年版,第 265 页。

通说也认为违反信息披露义务责任是依据制定法的信赖责任。① 在法教义学归类上,一般将登记不当所导致的信息背离责任归于信赖责任,通过不得对抗规则使外观状态取得真实状态的地位,以保护第三人的合理信赖。② 从证券虚假陈述民事责任法律规定的目标来看,是以"保护合理的信赖"为核心,是投资者信赖利益保护条款。投资者的利益保护的来源是基于证券法的规定,因信息披露义务人不履行法定义务造成的交易相对人信赖利益损害责任形态。交易相对人对于信息披露具有信赖,信息披露义务人违反法定义务造成交易相对人信赖受损的,应承担相应责任,是因外观造成他人信赖所致的责任形态,适用民事法律思维对裁判规则进行考量与证券法的立法价值会产生冲突,推导合同规则以及侵权规则的构成要件,存在参照适用的障碍,适用条件也不一致。如上所述,违反信息披露义务的责任应当属于权利表见责任,应适用权利外观理论的一般构成条件。

二、证券虚假陈述中权利外观理论适用的基础

(一)以维护交易安全为目标

投资者是证券市场的资金提供者,是证券市场的基石。证券发行人、机构投资者及证券公司掌握更多的信息,因证券市场信息不对称,投资者处于明显的弱势地位。保护投资者的权益,从表面上看是保护个别投资人的利益,但是从宏观角度考

---

① Canaris, Bankvertragsrecht, 3. Aufl. 1988, S. 8。转引自石一峰:《违反信息披露义务责任中的交易因果关系认定》,载《政治与法律》2015 年第 9 期。

② 参见石一峰:《违反信息披露义务责任中的交易因果关系认定》,载《政治与法律》2015 年第 9 期。

察,投资者利益保护是证券市场发展的基础。[1] 保护投资者既是各国证券法的核心任务与主要目的,也是各国证券监管机构共同遵循的基本理念。[2] 在我国体现为确立公开、公平、公正的证券基本原则,建立强制信息披露制度,以达到保障投资者利益的目的,有利于发挥证券的资金融通功能,促进经济的发展。

《证券法》第3条规定,证券的发行、交易活动,必须遵循公开、公平、公正的原则。证券信息公开原则,是指证券发行者在证券发行前或发行后根据法定的要求和程序向证券监督管理机构和证券投资者提供规定的有关能够影响证券价格的信息资料。公开原则体现为信息披露制度和管理披露制度。管理披露制度要求证券监管机构公开证券监管法规,公开对证券违法行为的处罚结果。信息披露制度是公开原则的基础性制度,要求证券发行人、证券交易所以及上市公司法定比例的股份持有人与收购人,须按照法律规定,真实、准确、完全、及时地报告公开信息资料,使投资者能够获得充分的信息,从而作出投资判断。信息披露的真实性要求信息应当符合客观事实,在信息披露文件中不能作出不符合事实真相或者错误的陈述,不能作虚假记载和虚假陈述。准确性要求披露信息必须标明含义,不能使人误解,如内容或表达方式存在缺陷而易使投资者产生误解的,属于误导性陈述。完整性要求所有可能影响投资者决策的信息均应当披露,披露信息应当是周密、全面、充分的解释,如存在信息披露文件未记载应记载事项,或者为避免文件不被误解而必须记载的重大事项,则构成重大遗漏。及时性要求信息披露义务人在合理期限内尽可能迅速地披露其应当公开的信息。违反信

---

[1] 参见赖英照:《股市游戏规则:最新证券交易法解析》,中国政法大学出版社2006年版,第5页。

[2] 参见范健、王建文:《证券法》,法律出版社2020年版,第42页。

息披露原则的真实性、准确性、完整性、及时性而进行的不实陈述、误导性陈述、重大遗漏、不正当披露构成虚假陈述。

对上市公司信息披露的要求,关系到社会公众对上市公司的信赖以及证券市场的交易安全。证券法所追求的价值与权利外观理论所蕴含的法的价值具有一致性。证券交易需要保护投资者的信赖从而保障交易安全。信息披露主体违反信息披露义务,造成投资者对虚假外观的信赖而进行投资行为,信息披露义务人对假象外观的形成具有可归责性,投资者的信赖因信息披露义务人未尽披露义务而导致的利益损害,具有保护的基础。从价值评价角度考察,将权利外观理论适用于证券法符合价值评价的一致性,是为了维护交易秩序和交易安全,在虚假陈述所致的投资人信赖损失中,是以保护投资者信赖利益为目的,权利外观理论的核心价值也在于对信赖利益的保护。

(二)符合权利外观理论的适用条件

1. 外观的存在

我国建立的强制信息披露制度,要求信息披露义务人根据法定要求和程序公开信息资料,以达到对投资者利益保护的目的。信息披露义务主体存在虚假陈述的行为,造成了虚假的外观。所致披露信息与实际并不一致,虚假表象与真实情况产生了分离。对外披露的信息是交易相对人信赖的外观。

2. 善意投资人信赖的合理性

将权利外观理论适用于交易活动中,需要证券投资者基于对信息披露正确的信赖实施了投资行为,而未实施证券交易的潜在的投资者不属于利益保护的对象。投资人有理由认为信息披露是真实的,与交易相关的信息已经被及时正确地披露,基于法律的规定,使投资人的信赖具有合理性。投资者符合善意的条件,投资者对虚假陈述不知情,如果明知存在虚假陈述而作出投资行为的投资者,则不属于善意相对人,其利益不应当受到保护。对投资者善意的认定,应当适用善意推定原则,信息披露义务人不能证明投资者明知或基于重大过失而不知真实情况的,投资者即被推定为善意。投资者基于对上市公司信息披露的信赖而进行证券交易,信赖利益具有保护的基础。

3. 可归责性

《证券法》规定了上市公司的信息披露义务,上市公司的虚假陈述违反了法律规定的信息披露义务。按照风险归责原则,信息披露义务人制造了投资者被误导的风险,或者能够避免投资者被误导的风险却放任风险的发生,虚假陈述是在信息披露义务人风险领域内形成的外观,信息披露义务人具有可归责性。

三、权利外观理论适用的可能性

(一) 为虚假陈述的认定提供理论基础

《最高人民法院关于审理证券市场虚假陈述侵权民事赔偿案件的若干规定》第 12 条中对因果关系进行了列举式说明,笔者认为列举情形可以用权利外观理论进行归纳。如第 12 条第 1 款第 1 项,投资者在虚假陈述实施之前进行证券交易行为,虚假外观尚未形成,不符合外观的存在要件。在虚假陈述揭露或者更正之后进行的投资,虚假外观已经消除,不符合外观的存在要件。第 12 条第 1 款第 2 项、第 4 项,知道或者应当知道存在虚假陈述,或者虚假陈述已经被证券市场广泛知悉而进行的投资,以及构成内幕交易、操纵证券价格等证券违法行为,不符合善意相对人的主观要件。第 12 条第 1 款第 3 项,证券交易行为受到重大事件的影响,不符合信息披露义务人的可归责性要件。《最高人民法院关于审理证券市场虚假陈述侵权民事赔偿案件的若干规定》第12条中的内容可以以权利外观理论作为理论基础,并且在出现其他情形的时候,适用权利外观理论对条文的内容进行补充。从虚假陈述中的虚假记载、误导性陈述、重大遗漏、不正当披露的行为方式上看,有积极的行为和消极的行为两种,积极的行为是进行了错误的信息披露,通过积极的行为使披露的事项与真实情况不一致。投资人认为披露的事项为真实的信赖具有合理性,信赖利益具有保护的基础。消极的行为是通过不作为的方式进行的,隐瞒公司有重大影响的诉讼案件,不及时披露应当披露的信息,披露信息和真实情况不一致,投资人合理地认为未经披露的信息不存在而进行证券交易,投资人的信赖利益具有保护的基础。

(二)为损失的计算提供理论支持

司法实践中有观点认为,对于损失的计算应当排除证券市场系统风险造成的损失。[①] 上市公司通过宏观经济数据、股价走势证明系统风险的存在,但很少能够充分证明系统风险与股价波动的逻辑关系及影响程度。在谭某杰等995人与佛山照明公司证券虚假陈述纠纷一案[②]中,法院认为,根据佛山照明公司A股K线图、深成指数K线图等证据,认定博山照明公司股票的下跌与大盘的系统性风险存在关联性,在计算投资者的损失时,对投资者每笔交易的系统风险的损失予以扣除。在判决结果合理性的论证方面,权利外观理论的可归责性要件可以为裁判依据提供理论支持。

综上,参照适用民事侵权的构成要件和解决思路,虽然为解决证券虚假陈述纠纷提供了方法,但是因价值和适用条件的差异,运用侵权纠纷的思路解决证券虚假陈述纠纷并不是最优选

[①] 参见谢欣欣、谢春晖:《上市公司虚假陈述之民事责任》,载《人民司法(案例)》2016年第2期。

[②] 广东省高级人民法院(2015)粤高法民二终字第13号民事判决书。

择。从制度的价值来看,运用民事思维解决商事纠纷存在价值上的不一致,证券虚假陈述的适用条件与侵权案件的适用条件差别较大。在适用侵权规则的过程中,证券虚假陈述基本上均为需要特殊设定情形,共性较少。适用权利外观理论与证券虚假陈述在价值评价上一致,适用条件更为匹配,可以为证券虚假陈述纠纷的解决提供思路。

第四节 债权转让中权利外观理论的适用

一、非金钱债权约定不得转让中的适用

(一)债权让与一般无善意取得规定的适用

债权转让制度在促进债权流通、激发市场活力方面的积极作用日益凸显,《民法典》顺应时代发展趋势,在第 545 条对债权转让制度作出重大修改,明确了非金钱债权和金钱债权约定不得转让的第三人效力问题。《民法典》第 545 条第 2 款前半段规定,非金钱债权的债务人与债权人约定债权不得转让的,不能对抗善意第三人,立法目的显然是保护债权受让人的利益以维护交易安全,体现了法的安全价值。但是善意第三人应当符合的条件并未见学术界深入研究。在能否适用现有善意取得制度判断非金钱债权善意第三人的构成要件方面,"否定说"的观点是,因债权并不受公示性原则的支配,债权让与无移转公示方法,[1]在指名债权的善意取得上都基本持否定的立场。[2] "肯定

---

[1] 参见陈自强:《民法讲义Ⅱ——契约之内容与消灭》,法律出版社 2004 年版,第 246 页。
[2] 参见李永锋:《债权让与中的若干争议问题——债务人与债权受让人之间的利益冲突与整合》,载《政治与法律》2006 年第 2 期。

说"的观点是,在债权以可归咎的方式引起表征时,债权的善意取得有获得认可的可能性。① 在债务人已制作债务证书的,在出示该证书让与债权时,与善意取得非常类似,可以达到与债权善意取得相同的效果。②

笔者认为,《民法典》第545条第2款并未对善意第三人应当符合的条件作出规定,是否可以类推适用善意取得,需要加以研判。类推适用的前提是价值评判和构成要件的一致性,③或者类推适用,要求以规范案型与欲适用案型的类似性为前提。④在债权人违反与债务人的禁止转让约定转让债权的情况下,受让人能否适用民法中的善意取得制度取得债权,需要就价值评判和构成要件进行探讨。善意取得制度是为了维护交易安全与交易便利,在善意取得制度中的动产与不动产的移转具有完全的财产流动性,但非金钱债权如货物运输、服务等以行为实施之后方能实现的债权,是一种行为或者交付请求权,与金钱债权相比,流动性虽然较弱,但是仍具有流通价值。善意相对人信赖债权并无禁止约定的,保护其信赖有利于交易安全,二者在价值评判上具有一致性。从构成要件上看,善意取得制度的构成要件是:无权处分行为、受让人善意、支付合理价格、已完成登记或交付。原债权人明知存在禁止让与约定而转让债权,其处分权利受到限制,符合无权处分的构成要件。在受让人善意的标准方

---

① 参见庄加园:《〈合同法〉第79条(债权让与)评注》,载《法学家》2017年第3期。

② 参见李永锋:《债权让与中的若干争议问题——债务人与债权受让人之间的利益冲突与整合》,载《政治与法律》2006年第2期。

③ 参见[德]卡尔·拉伦茨:《法学方法论》,陈爱娥译,商务印书馆2003年版,第286页。

④ 参见董惠江:《我国票据伪造、变造制度的设计——围绕〈票据法〉第十四条展开》,载《法商研究》2018年第2期。

面,善意取得制度中的受让人是基于对不动产登记的信赖,或出让人对动产占有的信赖,属于非因重大过失而不知。在债权转让的受让人来看,债权并无登记公示,如对受让人的善意采用极高的标准,就不能达到保护善意受让人利益的目的,因此,对非金钱债权转让的受让人善意的条件应当重新考量。首先,善意取得制度需要受让人支付合理的价格,但是债权转让并无支付合理价格的判断方法,受让人与债权人之间基于其他法律关系而发生债权转让,合理价格无法确定。其次,在已完成登记方面,因为债权并无登记,无法满足已完成登记的要件。最后,如在出现多重债权转让的情况下,要求债务人对债权人通知的所有受让人都承担给付责任,对债务人是极为不公平的。因此,在非金钱债权存在禁止转让约定的情形下,类推适用善意取得制度判断受让人是否应当取得受让债权并无适用空间,应当寻找另外的路径解决对第三人的保护,适用权利外观理论便是一个可行的方案。

(二)权利外观理论解决善意第三人标准问题的可能性

非金钱债权善意第三人的标准为何,并未有一致意见。韩世远认为,禁止让与约定的第三人效力受到受让人主观状态的影响,受让人在受让债权时负有调查是否存在禁止让与约定的义务,善意受让人不应存在知道或应当知道禁止让与约定的主观状态。[1] 朱虎认为,禁止转让约定多体现在格式合同中,当受让人基于对债务人出具的未载明禁止债权转让约定的文书的信赖,认为不存在禁止让与约定时,不具有重大过失的受让人应属善意。[2]

---

[1] 参见韩世远:《合同法总论》(第3版),法律出版社2011年版,第469页。
[2] 参见朱虎:《禁止转让债权的范围和效力研究:以〈民法典〉规则为中心》,载《法律科学(西北政法大学学报)》2020年第5期。

上述观点在判断主观状态和信赖方式方面具有合理性，但是未从理论基础方面对标准进行整合。对债权转让制度中善意第三人的构成要件可以运用权利外观理论进行分析，以明确善意第三人的利益优先于债务人应当符合的条件。受让债权的第三人权利保护的基础在于其信赖利益，因信赖债权并无禁止转让约定，且这种信赖具有合理性，债务人对造成受让人的信赖具有可归责性，才能满足权利外观理论的构成要件，此时对受让人的信赖利益优先于债务人的利益加以保护才具有合理性。权利外观理论的适用应具备三个要件：外观的存在、善意相对人的信赖、可归责性。

1. 外观的存在

关于债权约定不得转让中债权的表象，德国学者卡尔·拉伦茨认为，如果债务人签发了债务证明书，且没有在证明书上证明有债权不得转让的情况，债权人交出该证明书而转让他的债权，债务人不得对新债权人依据《德国民法典》第 399 条①主张与原始债权人有不得转让的约定。或者债务人在债权受让人的询问之下确认不存在债权不得转让的情况，从而"承认"了他的债务。在这种情况下，债务人知道他的确认于他人而言具有使他相信的意义。他不告知受让人他自己所预料到的排除条件，便应该承担他有意识地制造的法律局面的表象的后果。他对于相信他的话的受让人，丧失了排除条件。② 日本学者我妻荣认为，债务人对债权人让与作出无异议承诺时，对让与人主张的一切抗辩被切断，受让人取得了无瑕疵的债权。债务人将无

---

① 《德国民法典》第 399 条规定，不变更债权的内容就不能向原债权人以外的人进行给付，或与债务人达成的协议已排除让与的，不得让与债权。
② 参见[德]卡尔·拉伦茨：《德国民法通论》，王晓晔等译，法律出版社 2013 年版，第 896~897 页。

异议承诺赋予了一种公信力,受让人受让的安全也因此而明显地增大。① 有禁止让与约定的在善意的第三人受让时,债权发生转移,是为了协调债权的财产性和其所创造的在交易中的特殊性之间的关系。善意受让人的保护需要以无过失为要件,在债权证书上有禁止让与记载的推定受让人有过失,这是一项为保护信赖表见交易的安全制度。② 陈自强认为,债务人自己制作的债权证书,是以自己的行为创造出债权存在的权利外观,受让人纵使尽交易上的必要注意,也无法得知债权不存在,受让人对债权证书权利外观的信赖应受保护。③ 也有学者认为,债权表象是债务人出具的与真实债权状态不符的债权文书。在将债权作为交易客体时,因涉及第三人的利益,产生对债权的表征要求。④

债权约定不得转让的,上述观点中受让人信赖债权不存在禁止转让约定的债权的表象有:债务人签发的与真实债权状态不符的债务证明书、⑤债务人在债权的受让人询问下的无异议承诺,⑥这使债权受让人对债务人导致的债权不存在禁止转让

---

① 参见[日]我妻荣:《新订债权总论》,王燚译,中国法制出版社2008年版,第457页。
② 参见[日]我妻荣:《新订债权总论》,王燚译,中国法制出版社2008年版,第463~464页。
③ 参见陈自强:《民法讲义Ⅱ——契约之内容与消灭》,法律出版社2004年版,第248页。
④ 参见吴国喆:《权利表象及其私法处置规则——以善意取得和表见代理制度为中心考察》,商务印书馆2007年版,第42页。
⑤ 参见[德]卡尔·拉伦茨:《德国民法通论》,王晓晔等译,法律出版社2013年版,第896页;吴国喆:《权利表象及其私法处置规则——以善意取得和表见代理制度为中心考察》,商务印书馆2007年版,第42页。
⑥ 参见[德]卡尔·拉伦茨:《德国民法通论》,王晓晔等译,法律出版社2013年版,第897页;[日]我妻荣:《新订债权总论》,王燚译,中国法制出版社2008年版,第457页。

约定的假象产生了信赖。债权的表象在债权约定不得转让情形,是债权受让人对债权不存在禁约的表象存在信赖。在债权约定不得转让的情形中,受让人信赖的权利表象为:第一,债务人制作债权证书的,是以自己的行为制造出债权存在的权利外观,对于不特定的第三人而言,可以信赖债权是真实存在的并且不存在禁止转让的约定。如公证债权文书中未记载不得转让的,受让人可以信赖债务人与债权人对债权并无不得转让的约定。第二,在司法实践中,债权人对法院生效判决书中确认的债权转让时,债权文书中并未记载不得转让的,受让人可以基于对债权文书的信赖,信赖债权不存在禁止转让的约定。第三,债务人在债权受让人的询问之下确认不存在债权不得转让的情况,债务人明确的意思表示是受让人信赖无禁止转让约定的基础。

2. 善意相对人的信赖

从现行的学说观点来看,善意相对人标准缺失。庄加园认为,禁止转让约定多体现在格式合同中,受让人可能不知晓或者未调查,对受让人恶意的认定应当严格,应限制受让人明知或者具有重大过失不知。[1] 另外,举证责任是受让人自证其善意还是债务人证明受让人属于恶意,也存在不同的意见。

笔者认为,债务人与债权人之间的约定具有秘密性和相对性,但并不能据此免除受让人的审查义务,相对人应当负担审查是否存在不得转让约定的义务,但是承担义务的范围应当确定。在不同情况之下,相对人的审查义务不同。第一种情况,有债权文书加以确定的债权,如公证债权文书、法院的判决书所确定的债权等,受让人具有审查文书中是否包含禁止转让约定的义

---

[1] 参见庄加园:《〈合同法〉第79条(债权让与)评注》,载《法学家》2017年第3期。

务，在债权转让文书中不包括禁止转让约定时，可以认为相对人是善意的，债务人不能以存在禁止转让的约定对抗第三人，第三人的举证责任为文书中并未体现具有禁止转让的约定即可。第二种情况是受让人取得了债务人的无异议承诺。债权人并未向债务人提供合同文本，或者合同条款内容中有禁止转让的约定，但债务人向受让人明确表示该禁止转让约定不影响受让人取得债权的情形。在此种情况下，受让人在债权转让通知达到债务人后，债务人不能再以存在禁止转让约定为由对抗受让人。举证责任分配应为受让人对自己的善意负担举证责任，即已经尽到了审查的义务，或已经得到了债务人的无异议承诺。债务人需要对第三人的恶意负担举证责任，比如在债务人与债权人口头约定债权不得转让时，受让人在场且明知存在禁止转让约定的。公证债权文书中具有禁止转让的条款，受让人未审查或债务人未取得其无异议承诺的，属于不应当保护的情形。

受让人的善意是否受到中间瑕疵行为的影响，在债权连续转让的情况下，前手的恶意是否影响对最终受让人的主观状态的考察呢？如果第一受让人为善意第三人，之后的受让人为明知存在禁止让与约定而受让非金钱债权的，是否可以取得债权？如果第一受让人明知存在禁止让与约定而受让非金钱债权，后续的受让人为善意第三人，后者是否可以有效地受让该债权？有观点认为，任何人不能取得大于他人的权利，连续转让中存在恶意，其后手的取得不构成善意。[①] 也有观点认为，只要最后主张权利的受让人为善意即可。笔者认为，从对善意相对人的信赖的判断上看，在债权连续转让过程中，其中的一个环节存在恶意相对人，但主张权利的人为善意，其权利即可得到保护。

---

① 参见周小锋：《定位债权让与之性质——以区分原则为其基础》，载《甘肃政法学院学报》2009年第1期。

3. 可归责性

根据风险原则,当信赖的构成事实属于外观责任人负责的范围时,外观责任人应对第三人基于正当理由产生的信赖,承担相应的法律后果。① 按照风险原则的逻辑,责任者制造了第三人被误导的危险,并且他比被误导者更应承担后果。责任者是最佳的风险规避者,许多风险是其可以预见并能够避免的,由其承担责任具有合理性。从外观的形成上看,公证债权文书是债务人制作的,债务人未将禁止转让约定明确清晰地体现出来,因其怠于行使权利而造成受让人的误解,或者债务人明确表示不存在禁止特约,由其承担后果具有可归责性。在此种情况下,债务人能够避免受让人被误导但放任,债务人具有可归责性。从法律后果上看,债务人不能以存在禁止约定而对抗受让人的信赖利益。

(三)制度优化建议

《民法典》第545条第2款对善意第三人的条件进行了明确规定。从善意第三人信赖的基础来看,可以是当事人之间的公证债权文书、生效判决文书确定的合同权利、以及当事人取得了债务人不存在禁止约定的明确意思表示。从第三人的主观状态考察,应为不明知存在禁止让与约定,第三人应尽的审查义务不应当过于严苛,在债权连续转让的情形下,只要受让人在债权转让通知债务人时为善意,无论权利移转中是否出现瑕疵行为,均不影响受让人善意的判断。在债务人对受让人的信赖存在可归责性时,债务人承担不利后果具有正当性。建议对《民法典》第545条第2款增加司法解释的规定,符合如下条件之一的,应当

---

① 参见王焜:《积极的信赖保护——权利外观责任研究》,法律出版社2010年版,第134页。

视为善意第三人:(1)债权文书中不存在禁止转让约定;(2)受让人取得了债务人不存在禁止转让约定的承诺;(3)债权连续转让中,虽中间受让人明知存在禁止转让约定而受让债权,但向债务人主张权利的第三人对此情况不明知。

二、债权表见让与制度中的适用

(一)债权表见让与的情形

德国法中规定:"如果债权人通知债务人他已转让债权,即使事实上并未进行这种转让或者该转让由于种种原因是无效的,那么他所通知的这一转让对他仍具有约束力,如果债务人向错误的新债权人作出了给付,那么他也便解除了他的债务。"[①]这是一种与债权转让相结合的权利表见责任,虽无债权让与的事实,但债务人对受让人的通知仍然有效,即为债权表见让与。债务人相信相对人具有受领债权的权限,并向受让人履行债务,而实际上债权并未转让或转让无效,基于对信赖利益的保护,债务人的履行行为视为债务已经清偿。但我国现行成文法中并未规定在转让无效情况、通知债务人已经转让但实际上并未转让的情况下,债务人的履行行为是否达到了清偿债务的效果。债权表见让与存在两种情况,第一种情况是债务人已经接到债权转让的通知,但实际上债权并未转让;第二种情况是债务人已经接到债权转让通知,但债权转让合同被撤销或被认定为无效。

(二)债权转让制度中债务人利益保护的不足

债权让与通知涉及债权法律关系变动的效力,属于法律效

---

① [德]卡尔·拉伦茨:《德国民法通论》,王晓晔等译,法律出版社2003年版,第897~898页。

果的事实构成,是准法律行为,有向外的宣示功能,并且具有法律上的意义。在债权表见让与的情况下,债权人权利获得保护的正当性基础在于对债权已经转让给受让人的信赖。根据《民法典》第546条,债权转让对债务人的生效要件以是否通知债务人为判断标准,未经过通知,债务人可以拒绝向债权受让人履行债务。债权转让制度为了实现债权的流通价值,注重保护受让人利益,在债务人利益与受让人利益之间进行平衡。如《民法典》第546条规定的债权人转让不通知债务人的,对债务人不发生效力。债权人转让债权,未通知债务人时,该转让对债务人不发生效力,这是为了保障债务人的利益。但《民法典》第546条并未规定发生债务人认为债权已经转让并履行债务,但债权人并未转让债权或者债权人与受让人转让合同无效或被撤销的情况下,债务人的履行能否实现消灭债权的法律效果。

债权转让通知应当由债权人还是受让人负责,现行法律并未规定。有观点认为,从促进交易便捷的角度,可以允许债权的受让人成为通知主体,因从法律规定的文义上看,并没有否定受让人不能作为通知的主体,在原债权人无法对债务人进行通知的时候,受让人能够证明债权转让的事实存在,可以允许受让人对债务人作出通知。[1] 也有观点认为,原债权人负有通知的义务,受让人随意通知对法律关系的安定性有害,受让人不能代位让与人进行通知。[2] 笔者认为,因受让人与转让人之间的合同约定债务人无从知晓,受让人的身份对于债务人来说是不特定的。从债权流通价值的考量上看,债务人审查义务弱则流通价

---

[1] 参见最高人民法院民法典贯彻实施工作领导小组编著:《〈中华人民共和国民法典〉合同编理解与适用》,人民法院出版社2020年版,第566页。

[2] 参见[日]我妻荣:《新订债权总论》,王燚译,中国法制出版社2008年版,第469页。

值强。如债务人无须考察受让人的身份,只要接到通知进行履行都视为债务消灭,那么会加速债权流通的速度,但债权人的利益受损的可能性增大。从债权流通的安全价值考量,债务人的审查义务应当增强,债务人需要仔细核查受让人的身份,与债权人确认债权是否转让的事实,否则造成的错误履行不能达到债务消灭的效果,那么就会降低债权流通的速度,但会增强交易的安全性。最为合理的方式是兼顾法的安全价值和效率价值,使价值均既受到一定限制但又都得到最大程度的实现。《民法典》未规定债权人抑或受让人负担通知债务人的义务,应当认为债权人可以通知债务人,以使债权转让对债务人发生效力。如果理解为受让人可以通知债务人,会对交易安全产生不利影响,因受让人不具备使债务人信赖其为受让人的条件,债务人也难以证明其信赖受让人具备受领权限具有正当性。

司法实践中存在受让人可以以提起诉讼的方式要求债务人履行债务的观点。在宋某与亚琦公司、弘乾公司、嘉恒公司等股权转让纠纷一案[①]中,一审法院认为,债权人转让权利未通知债务人,对债务人不发生效力,受让人无权要求债务人向其履行债务,受让人向法院提起诉讼不符合民事诉讼法的起诉要件,故驳回起诉。二审法院认为,债权转让通知债务人的规定是防止债务人错误履行或重复履行,因此在法律未明确规定的情况下,不应当对通知主体和通知方式进行限定;法院送达起诉状等诉讼材料的方式,能够确保债务人知悉债权转让的事实,在债务人收到起诉材料时,应视为债权转让已经通知债务人,故裁定指令一审法院立案审理。笔者认为,诉讼是当事人之间权益争议解决的方式,受让人向债务人主张权利提起诉讼,应当以其享有权利

---

① 江西省高级人民法院(2018)赣民终 269 号民事判决书。

为前提。在诉讼开始之后，法院需对债权转让合同是否对第三人生效的事实进行审查。如果认定法院向债务人送达起诉材料作为通知方式，那么通知主体是法院还是受让人抑或债权人，法院能否代替一方当事人履行其义务？法院应当为中立的裁判者，并非为了一方的利益而行使权力。从法律规定的目的上看，债权转让通知是债权转让是否对债务人生效的要件，债务人从通知之后享有对受让人的抗辩权、抵销权，而在诉讼过程中受让人直接向债务人主张履行债务，影响受让人权利的行使且易陷入两难的境地，在本诉中主张债权转让并未通知，而又需要提出反诉主张通知之后才享有抗辩权和抵销权，因此受让人提起诉讼并不能证明受让人具有债权受领权限。

在债权人与受让人之间的合同无效时，债务人能否拒绝承担债务？在泛科新公司与逸涛公司、太古公司确认合同无效纠纷一案①中，债权人逸涛公司将生效民事判决书确认的对泛科新公司的债权转让给太古公司，泛科新公司主张逸涛公司向太古公司转让债权前所涉债权已被抵销，向法院提起诉讼，请求确认逸涛公司将其对泛科公司的债权转让给太古公司的行为无效。一审法院判决，逸涛公司将其根据(2013)穗南法民二初字第198号民事判决书、(2014)穗中法民一终字第1429号民事判决书享有的债权转让给太古公司的行为无效，并驳回泛科新公司的其他诉讼请求。二审法院认为，因为太古公司受让的逸涛公司对泛科新公司享有的债权，即(2014)穗中法民一终字第1429号民事判决书确认的债权，已被作出的执行裁定确认用于抵销其他判决下的款项，因此(2014)穗中法民一终字第1429号民事判决书项下的债权已全部实现，故认定转让无效。笔者

---

① 广州市中级人民法院(2016)粤01民终7739号民事判决书。

认为,该案中债务人请求确认债权人与受让人之间的债权转让无效,受让人基于对生效判决书所确认的债权的信赖,签订了债权转让合同并且通知债权人之后,并不能因债权已经抵销而使债权人与受让人之间的债权转让协议归于无效,应当承认债权转让的效力,在债权人请求债务人履行债务时,债务人可以行使抗辩权以保护自身权利。

(三)权利外观理论适用于债权表见让与的正当性

在债权人与受让人之间的转让合同被撤销或被认定无效,以及债权人并未转让债权的情况下,但已经通知债务人债权已经转让,会产生债务人信赖的债权已经转让的表象与并未转让的实际之间发生分离。为了实现债权的流通价值,保护交易安全,应当减轻债务人履行债务的风险,保护债务人的信赖利益。从立法例上看,大多承认债务人向债权表见受让人清偿的效力。比如意大利《民法典》第1189条规定,根据明确的情况向表面有合法接受资格的人履行给付的债务人,如果能够证明其是善意的,债务即履行完毕。德国《民法典》第409条规定,债权人已将债权让与通知债务人的,即使尚未让与或者让与尚未生效,债权人仍须对债务人承受其已通知让与的效力。债权人已为让与证书中指明的新债权人制作让与证书,新债权人也已向债务人出示该证书的,视为与让与通知有相同的效力。从权利外观理论适用条件考察,存在债务人信赖债权转让的表象与实际未转让及转让瑕疵之间的分离,债务人履行了债务清偿行为的,债务人的信赖利益应当受到保护。适用权利外观理论应当符合外观的存在、信赖的合理性和可归责性的条件,而在现行法律规定对通知的形式和主体均未规定的情形下,可以适用权利外观理论进行构建。

1. 外观的存在

关于债权表见让与中的债权的表象，卡尔·拉伦茨认为，债务人"可以信任债权人向他所作的通知或给他的证书"，对于权利改变或其在证书中公布的通知的信赖在债权表见让与中受到保护。① 陈自强认为，在债权表见让与情形中"让与人以债权让与之通知，创造出权利外观"，"债权让与通知，让与人所创造出极高之信赖基础，债务人仅需对债权让与通知所指称之受让人为清偿即可"。② 有学者认为，表见债权人具有正当受领权限的外观，是依社会一般的交易观念，足以认其为真实债权人。比如，占有足以表征其为权利人的信物，持有债权的有效凭证或持有债权人签名的收据。③ 也有学者认为，债务人信赖让与通知并向新债权人履行后即得免除义务，即使让与事实并不存在。这都不属于债权表象问题，只是对债务人信赖保护的结果。债权表象应是超越债权人和债务人，而使第三人相信虚假权利外观，在债权人与债务人之间没有权利表象存在的空间。④

上述观点中债务人信赖的债权已经转让的表象包括：债权人向债务人所作的通知、⑤债权人给债务人的转让证书、⑥依一

---

① 参见[德]卡尔·拉伦茨：《德国民法通论》，王晓晔等译，法律出版社2013年版，第897~898页。
② 陈自强：《民法讲义Ⅱ——契约之内容与消灭》，法律出版社2004年版，第263页。
③ 参见王焜：《积极的信赖保护——权利外观责任研究》，法律出版社2010年版，第199~206页。
④ 参见吴国喆：《权利表象及其私法处置规则——以善意取得和表见代理制度为中心考察》，商务印书馆2007年版，第43~44页。
⑤ 参见[德]卡尔·拉伦茨：《德国民法通论》，王晓晔等译，法律出版社2013年版，第898页；陈自强：《民法讲义Ⅱ——契约之内容与消灭》，法律出版社2004年版，第263页。
⑥ 参见[德]卡尔·拉伦茨：《德国民法通论》，王晓晔等译，法律出版社2013年版，第898页。

般交易观念足以使债务人认为具有正当受领权限。① 债权的表象在债权表见让与情形中,是债务人对债权受让人具有债权受领权限的表象存在信赖。债权表见让与制度是为保护债权人的利益而创设的,在债务人向表见债权人清偿后达到消灭债权的效果。债务人清偿有效应仅限于对具有受领清偿正当权利人清偿的情形,如向债权的准占有人、对受领证书的持有人的清偿为有效,债权因清偿而消灭。② 债权的准占有者是在交易观念上具有可相信是真正债权人外观的人,如原债权人签字或者盖章的转让合同、公证的债权转让文书、债权人已经将债权转让给受让人的表示行为。债务人基于对相对人存在具有受领清偿权利的外观的信赖而清偿,债务人信赖债权已经转让的履行行为应当达到清偿的效果。公证的债权转让合同、让与人签字或盖章的转让凭证、债权人明示的已经将债权转让给受让人的表示行为等证明受让人具有受领权限的必要凭证,是债务人信赖债权受让人具有受领权限的外观。

2. 信赖的合理性

受让人通知债务人债权转让时,债务人应当对转让合同进行形式审查,审查转让合同的公章与其与债权人之间的公章是否一致,如果存在明显的伪造或冒用的情况,不能认定其信赖具有合理性。债务人应当负担向债权人进行核实的义务以防止错误给付,采用双方约定的交易习惯或者约定的方式,在获得债权人的无异议承诺时,根据允诺禁反言理论,应当认为债务人的信赖具有合理性。

---

① 参见王熳:《积极的信赖保护——权利外观责任研究》,法律出版社2010年版,第199页。

② 参见[日]我妻荣:《新订债权总论》,王燚译,中国法制出版社2008年版,第247页。

3. 可归责性

若债权人有意制造了债权转让的表象,他必须对债务人由此产生的信赖负责。如债权人未妥善保管债权凭证,受让人持有债务人出具的凭证,使债务人信赖债权已经转让,在债务人向债权人核实是否转让债权时,债权人明确表示债权已经转让,即使意思表示是虚假的或错误的,对于债务人的信赖,债权人亦具有可归责性。在债权人并未转让债权而通知债务人债权已经转让的,已经以其明确的表示行为产生了债务人信赖的结果。

笔者建议增加债权表见让与的规定,债务人信赖原债权人将权利转让给第三人,即使原债权人未进行债权转让或转让无效,债务人向该第三人的清偿亦达到消灭债权的效果。

本章小结

商事行为与民事法律行为相比,存在特殊性。民事法律行为要求意思与表示具有一致性,当表示与意思不一致时,以真实意思为准。而在商事行为中,意思与表示不一致时,以表示意思为准。民事法律行为因意思表示瑕疵可撤销,而在商事行为中,即使存在意思表示瑕疵情形,也因交易安全和交易效率的考量,不能撤销或撤销后不影响与第三人形成的交易。意思表示瑕疵的撤销规则受到限制,当符合商事特别法规定的形式要件时即为行为有效,这样的制度设计是考量商事行为的特点,以满足交易安全、交易效率和交易公平。在票据行为中,在常态票据移转情形中,并无权利外观理论的适用空间;在非常态票据移转情形中,契约说解决该情况存在不足,权利外观理论具有弥补制度漏洞的作用;在票据伪造情形中,适用表见代理制度与票据原理相冲突,适用权利外观理论解决票据伪造的情形下,被伪造人承担责任的论证更为适合,符合权利外观理论的适用条件,票据被伪造人承担票据责任具有正当性;在票据变造情形中,《票据法》关于变造之后签章的人对变造之后的记载事项负责的规定存在欠缺,对票据变造具有可归责性的署名人,虽在变造前签章,因符合权利外观理论的适用条件而承担责任,以保护善意取得人的利益,维护票据的流通和安全。在证券虚假陈述中,适用侵权责任构成要件论证虚假陈述人承担责任的构成要件合理性存在欠缺,权利外观理论可以为证券虚假陈述纠纷的解决提供思路。在债权转让中,权利外观理论可以适用于非金钱债权约定不得转让情形和债权表见让与情形。现行成文法中未对债权表见让与情形下债务人清偿债务的法律效果予以规定,应适用权利外观理论弥补成文法规定的不足。

第四章　强制执行与权利外观理论

　　法院根据执行人的申请,可以对生效法律文书确定的金钱给付、交付财产和行为进行强制执行。在执行中除涉及法律文书中的诉讼主体之外,还可能涉及案外人,如对被执行人负到期债务的债务人、对执行标的享有权利的案外人、被追加的被执行人等。法院在对被执行人的财产采取强制措施时,以登记公示作为权利归属的判断。在司法实践中,登记公示与实际不一致的情况存在,对执行标的享有实际权利的主体可以根据救济程序进行权利救济。执行异议之诉涉及的利益主体包括申请执行人、被执行人、享有排除强制执行权益的第三人、被追加的被执行人、被执行人的债务人等,不同利益主体之间存在利益冲突。

　　以"权利外观理论""外观主义"为关键词检索中国裁判文书网的执行异议之诉案例,发现有一些裁判文书中法官运用权利外观理论释法说理。以下以案例为基础,对权利外观理论在司法实践中的适用现状进行分析,以期从实践中提炼出适用的一般规则。

第一节 执行异议中权利外观理论的适用

一、民事强制执行的性质

民事强制执行,是指法律文书生效后,执行机关根据申请执行人的申请,运用国家公权力实施的一种强制义务人履行生效法律文书确定之义务的民事执行行为。对于强制执行的性质,学者们有不同认识。"公权力说"认为,执行是法院的执行部门依照法定程序,对生效法律文书确定的内容,运用国家强制力,依法采取执行措施,强制负有义务的当事人履行义务的行为。① 执行权属于国家公权力的有机组成部分,②是公法行为。③ 强制执行涉及私权利的观点认为,强制执行是以实现法律规定的执行请求权为目的的活动。④ 强制执行同审判程序一样,涉及的也是私权利。⑤

笔者认为,民事强制执行程序只能依申请人的申请而启动,是行使国家权力的一种活动,但涉及私权利。在具体的行为

---

① 参见柴发邦主编:《民事诉讼法学新编》,法律出版社1992年版,第423页。
② 参见黄忠顺:《中国民事执行制度变迁四十年》,载《河北法学》2019年第1期。
③ 参见肖建国、庄诗岳:《论民事执行权与行政权的冲突与协调》,载《东岳论丛》2020年第6期。
④ 参见常怡主编:《强制执行的理论与实务》(修订本),重庆出版社1992年版,第2页。
⑤ 参见[德]奥拉夫·穆托斯特:《德国强制执行法》(第2版),马强伟译,中国法制出版社2020年版,第4页。

中，所体现的性质不同。如《最高人民法院关于人民法院执行工作若干问题的规定(试行)》第45条规定，在被执行人不能清偿债务，但对本案以外的人享有到期债权的，人民法院可依申请执行人或被执行人的申请，向第三人发出履行到期债务的通知。履行通知必须直接送达第三人。从债务人的立场来看，法院的通知行为实现了债权转让的法律效果。法院的通知行为是依据公权力作出的公法上的行为，但产生了私法上的效果。民事执行中的查封、扣押、冻结措施，具有公法性，是人民法院实施公权力的行为。

二、司法实务中权利外观理论的适用情形

按照执行对象的不同，分为对执行标的异议和对人的执行异议。对执行标的异议，是法院对执行标的采取强制措施时，执行异议人认为其对执行标的享有排除强制执行的权利。对人的执行异议，是法院支持申请执行人追加被执行人后，追加的被执行人提出异议而产生的冲突。执行程序是实现债权人既定权利的重要保障，但执行行为同样不应侵害他人的合法权益。在利益冲突时，民事执行的救济程序对不同主体利益的衡量和判断，应当体现法的公平价值。

(一) 追加股东为被执行人中的适用情况

申请执行人可以根据《最高人民法院关于民事执行中变更、追加当事人若干问题的规定》第17~20条规定，当被执行人的财产不足以清偿生效法律文书确定的债务时，申请执行人可以申请变更追加"未缴纳或未足额缴纳出资的股东、出资人或依公司法规定对该出资承担连带责任的发起人为被执行人""抽逃出资的股东、出资人为被执行人""未依法履行出资义务即转让股权"的股东等为被执行人。法院作出追加裁定后，被追加的当事人可以申请复议，或在复议被驳回后提起执行异议之诉。申请执行人因被执行人财产不足以清偿债务，以期通过追加被执行人的方式获得权利，而被追加的被执行人如果认为不存在应当被追加的情形，或有其他理由的可以进行抗辩。双方的利益冲突体现为债权人的利益与股东利益的平衡。

被追加的被执行人可以通过执行复议的方式进行权利救济。根据《最高人民法院关于民事执行中变更、追加当事人若干问题的规定》第30条的规定，被裁定追加为被执行人的被申请人对追加裁定不服的可以申请复议。被追加的被执行人可以在复议被驳回后提起执行异议之诉。执行异议之诉是审判程序，要对被追加的被执行人是否存在抽逃出资、未履行出资义务等情形进行全面审查，对其权利的救济体现为诉讼程序，符合执审分离的要求。《公司法》由实缴制改为认缴制后，股东出资期限未届期未履行出资义务，出资期限未届期未履行出资义务即转让股权的，是否属于《最高人民法院关于民事执行中变更、追加当事人若干问题的规定》第17~20条规定的"未缴纳或未足额缴纳出资的股东、未依法履行出资义务即转让股权的股东"可以被追加为被执行人的情形，司法实践中的裁判不一。学界在讨论能否追加出资期限未届期股东为被执行人方面，执行中股东出资期限加速到期存在争论。

笔者认为，在论证执行中股东出资期限加速到期时，权利外观理论具有适用的空间。从价值评价上看，追加"未缴纳或未足额缴纳出资的股东、未依法履行出资义务即转让股权的股东"为被执行人，是维护债权人对注册资本的信赖利益。债权人基于对注册资本的信赖而与之发生交易，应保护交易安全。在符合特定条件的前提下，追加出资未届期股东为被执行人，同样以维护交易安全和债权人的信赖利益为目的。股东出资期限未届期未出资与实缴制下"未缴纳或未足额缴纳出资的股东""抽逃出资"具有合法性和违法性的区别。股东出资期限利益是合法利益,在类推适用现有规则不能解决实务纠纷时,可以适用权利外观理论论证以解决争议。

(二)股权执行中的司法实务现状

根据《最高人民法院关于人民法院民事执行中查封、扣押、冻结财产的规定》第2条的规定,人民法院可对被执行人占有、登记在其名下的财产采取执行措施。司法实践中存在登记与真实权利不一致的情况。比如股权代持中,工商登记显示名义股东,但实际权利人是隐名股东;在有限责任公司股权转让中,已经签订合同支付价款的股权买受人,尚未进行公示登记变更,存在工商登记显示的名称与实际不一致的情况。真实权利人和申请执行人因执行标的归属产生冲突。从申请执行人的角度看,申请执行人意图取得执行财产或所对应的价值,以使生效法律文书确定的权利得到实现。从真实权利人的角度看,意图排除强制执行,使自身权益不受到强制执行的影响。

执行异议之诉是诉讼程序的救济。案外人提起执行异议之诉的,根据《最高人民法院关于适用〈中华人民共和国民事诉讼法〉的解释》第311条的规定,需要证明对执行标的享有足以排除强制执行的民事权益。股权的实际出资人、股权受让人,可以基于享有的权利向法院提起执行异议之诉以阻却执行。因法律就如何平衡不同利益主体的权利未有明确规定,有裁判观点认为此种情形应适用权利外观理论。如在宋某民与李某、尹某良案外人执行异议之诉纠纷一案[①]中,李某根据生效法律文书确定的金钱债权,向法院申请执行。执行过程中,法院冻结被执行

---

① 辽宁省大连市中级人民法院(2018)辽02民终4917号民事判决书。

人尹某良名下的股权。案外人宋某民向法院提起执行异议之诉。宋某民认为在法院查封前,双方已经签订股权代持协议,宋某民已经给付尹某良 5 万元的股款,请求确认尹某良名下 5 万元股权为宋某民所有,停止对尹某良名下股权的执行。一审法院认为:"根据商事外观主义原则,第三人对权利外观产生的信赖,即使真实状况与第三人的信赖不符,只要第三人的信赖合理,第三人的民事法律行为效力即应受优先保护。"隐名股东对外不具有公示股东的法律地位,不能以代持协议有效为由对抗债权人对显名股东的正当权利。故驳回宋某民的诉讼请求。笔者认为,司法实践中在适用权利外观理论时应当进行论证。以保护的利益主体是否符合权利外观理论保护的价值评价为前提,应当符合权利外观理论的适用条件并进行分析。从价值评价上看,权利外观理论是为了实现交易效率和交易安全,对交易相对人的信赖利益进行保护。执行申请人因对被执行人名下的财产进行查询而知晓股权存在的申请执行人,不存在因信赖而进行的交易行为,对申请执行人利益保护的价值并非交易安全和效率。从适用条件上看,申请执行人不存在信赖股权在被执行人名下而进行交易的前提,不符合外观的存在和信赖的合理性要件,不应适用权利外观理论。

第二节 股东执行异议中权利外观理论的适用

《最高人民法院关于民事执行中变更、追加当事人若干问题的规定》第 17 条和第 19 条对追加股东为被执行人应当符合的情形作出了规定,即属于未缴纳或未足额缴纳出资的股东、出资人或依公司法规定对该出资承担连带责任的发起人,以及未依法履行出资义务即转让股权的股东。人民法院在申请执行人提出申请变更、追加被执行人,要求股东在未依法出资的范围内承担责任后,可以追加股东为被执行人。《公司法》由实缴制改为认缴制后,在股东认缴出资期限未到期而转让股权、股东出资期限延长等情况下,是否可以被追加为被执行人,法律并未规定。司法实践中在执行中追加出资期限未届至股东为被执行人,要求股东提前履行出资义务,但因缺乏法理基础和法律依据而受到质疑。股东认缴出资期限未届至,公司通过内部决议程序延长股东出资期限的,股东出资期限未届至未出资即转让股权的,司法实践在出资期限未届至的股东应否被追加为被执行人的问题上争议不断。以下以中国裁判文书网公开的具有典型性的涉及股东出资期限利益案件的裁判文书进行分析,通过梳理其中的实务问题,总结出现矛盾的原因,对现行解决方法进行评述,分析执行中股东出资期限加速到期的可行性。

一、出资期限未届至情况中的适用

(一)股东出资期限未届至的利益范围

股东出资期限未届至分为股东认缴出资期限未届至已经公示,未经过公司决议延长和公司决议延长股东认缴出资期限。

第一,股东认缴出资期限未届至已登记公示,未经过公司决议延长出资期限。有观点认为,股东出资期限未届至的,在股东出资期限利益与债权人利益发生冲突时不应当承认股东出资期限利益的存在,出资期限是公司的内部约定,不具有外部效力,公司仍然是以注册资本对外承担责任,不能因出资期限未届至对抗债权人对注册资本的信赖。[①] 也有观点认为,股东认缴

---

① 参见梁上上:《未出资股东对公司债权人的补充赔偿责任》,载《中外法学》2015年第3期。

出资期限未届至已经公示的,股东享有出资期限利益,基于《企业信息公示暂行条例》和《注册资本登记制度改革方案》对出资期限公示的规定,可认为股东出资期限符合公示条件后,便享有商事登记的积极对抗效力。即股东享有对抗不特定第三人的权利,债权人负有审查公示的义务,在明知或基于过失不知情的情况下与商事主体进行交易,不能要求出资期限未届至已经公示的股东提前履行出资义务。①

笔者认为,我国认缴制改革后,取消法定最低注册资本要求,重视公司意思自治,出资期限由法定转为约定,是对出资义务的缓和,股东出资期限利益的保护具有合法性基础。不能认为只要股东利益与债权人利益之间发生冲突,就否定股东出资期限利益的正当性。股东出资期限未届至已经公示的,股东未经过公司决议延长股东认缴出资期限,应当以保护股东出资期限利益为原则。

第二,公司决议延长股东出资期限。公司决议延长某股东的认缴出资期限,分为延长后已登记和未登记两种情形。当事人交易完成,股东在出资期限届满前,通过公司决议延长认缴出资期限未经登记。从公司意思自治和股东合同关系上看,应当承认其内部效力,股东具有延长后的出资期限利益,但不具有外部效力。此种情形可以适用《公司法》第 34 条,通过内部程序延长出资期限但未办理变更登记,属于登记义务人应登记而未登记情形。交易相对人无法知晓其内部情况。交易相对人对于已经登记的未延长出资期限具有信赖利益,此信赖利益应受保护,故通过内部程序变更事项但未进行变更登记的,不能以未登记事项对抗第三人。

---

① 参见俞巍、陈克:《公司资本登记制度改革后股东责任适法思路的变与不变》,载《法律适用》2014 年第 11 期。

当事人交易完成,公司决议延长某股东的认缴出资期限,已变更登记。因股东的出资期限可以通过修改公司章程进行变更,当股东以延长出资期限的方式逃避出资义务时,强调股东出资的期限利益,会对债权人利益、公司资本以及法人的独立地位造成损害。延长后的出资期限损害了债权人利益,股东的出资期限利益具有不正当性。在已经变更商事登记的情况下,不能以登记事项对抗信赖原出资期限的交易相对人,否则就是损害债权人对股东在原出资期限内履行出资义务的信赖利益。

(二)司法实务中的争议

执行法规中未规定法院可否追加出资期限未届至的股东为被执行人,在有限责任公司作为被执行人,财产不足以清偿生效法律文书确定的债务,债权人申请追加出资期限未届至股东为被执行人时,法院存在不同的裁判结论。

在朱某诉杭州财丰资产管理有限公司、邵某委托理财合同纠纷①中,该案在进入执行程序后,发现被执行人的财产不足以清偿债务,公司债权人向法院申请追加股东为被执行人,该公司的公司章程中记载股东出资期限未届至。一审法院认为,《公司法司法解释三》第13条第2款、《最高人民法院关于民事执行中变更、追加当事人若干问题的规定》第17条规定,公司股东应履行出资义务而未履行的情形,并未规定公司股东认缴出资期限未届至的是否可以适用,只有法律明文规定的情形才加速到期,故朱某主张股东出资义务加速到期缺乏法律依据,不予支持。二审法院认为,因现行立法中关于认缴制出资股东加速到期义务的直接规定仅限于公司破产情形,故对朱某的上诉理由

---

① 杭州市中级人民法院(2017)浙01民终6608号民事判决书。

不予支持,维持原判。在金谷公司与浙江优选公司营业信托纠纷①中,公司经过股东会决议,将公司设立时的股东出资期限延长并变更登记。公司债权人以公司资产不足以清偿到期债务为由,请求追加股东为被执行人。一审法院认为追加出资期限未届至股东为被执行人缺乏法律依据。二审法院认为,股东应履行资本充实义务,在行使变更出资期限等权利时,不得损害公司债权人对公司公示信息及注册资本产生的信赖利益。

两起案件中,均为股东出资期限未届至,公司债权人申请追加出资期限未届至的股东为被执行人的情况。两者的区别在于:案例一中,股东出资期限登记事项未延长,与债权人在与公司进行交易时应知晓的股东出资期限一致,并未延长出资期限;案例二中,股东出资期限的登记事项同债权人与公司进行交易时的登记状况不一致,股东出资期限已经延长。《公司法司法解释三》第13条第2款、《最高人民法院关于民事执行中变更、追加当事人若干问题的规定》第17条中对"未履行或者未全面履行出资义务""未缴纳或未足额缴纳出资"的规定,是否可以扩张解释为包括出资期限未届至的情形,需加以分析。

(三)扩张解释现行成文法存在争议

执行法规中未规定法院可否追加出资期限未届至的股东为被执行人。公司延长股东出资期限未届至,已经办理变更登记的,有学者认为可以通过扩张解释《公司法司法解释三》第13条"未履行或者未全面履行出资义务"条款,以达到否定股东出资期限利益的目的,"未履行或者未全面履行出资义务"应当包

---

① 北京市高级人民法院(2016)京执复106号执行裁定书。

括出资期限未届至的情形,是对债权人利益保护的需要。① "反对说"认为,不能扩张解释为包含出资期限未届至情形,从文义上看,该款将股东的清偿责任范围确定为"未出资本息",显然是出资期限已经届满,否则没有理由要求股东承担利息。②

笔者认为,不应当扩张解释《公司法司法解释三》第13条中的"未履行或者未全面履行出资义务"。从法律规定的目的考察,"未履行或者未全面履行出资义务"承担的法律后果是,对公司承担补缴出资的义务、对债权人的补充赔偿责任、对其他股东的违约责任,股东因瑕疵出资权利受限或丧失股东资格。出资期限未届至并不具有违法性,股东不需要承担对其他股东的违约责任,其合法的出资期限利益具有被保护的基础,与瑕疵出资的违法行为具有本质的区别。从公司法体系的一致性上看,未出资、瑕疵出资的构成要件、法律后果具有详细的规定和分类,涉及的主体也并非仅为债权人,仅单独将第13条中的第2款作扩张解释,破坏了概念的一致性。扩张解释的目的是债权人的利益保护,但第13条第2款债权人行使的是代位权,是债务人怠于行使自己的权利而阻碍了债权人权利的实现,出资期限未届至并不是怠于行使权利。从内容上看,第13条第2款规定,债权人请求的前提为"不能清偿的部分",范围是"未出资本息",股东出资期限未届至不能等同于不能清偿,基于股东的出资期限利益,也不应当包括利息。从解释规则上看,扩张解释不能脱离法律规范的基本文义,《公司法》允许

---

① 参见冯果、南玉梅:《论股东补充赔偿责任及发起人的资本充实责任——以公司法司法解释(三)第13条的解释和适用为中心》,载《人民司法(应用)》2016年第4期。
② 参见王建文:《再论股东未届期出资义务的履行》,载《法学》2017年第9期。

股东设定出资期限,即是承认认缴制下股东的出资期限利益,将当事人完成交易,出资期限尚未届满或公司延长股东的出资期限已经完成变更登记扩张解释为"未履行或者未全面履行出资义务",使《公司法》的该规定成为虚设,也就违反了法律解释适用的规则。正因如此,《公司法司法解释三》不可能作出这样的所谓扩张解释。此外,从法律位阶上讲,即使《公司法》司法解释明确规定出资期限尚未届满或当事人交易完成,公司延长某股东的认缴出资期限已完成变更登记的情形,属于"未履行或者未全面履行出资义务",也因与上位法存在冲突而不得适用。因此,无论理论上还是司法实践中,没有将出资期限尚未届满或当事人交易完成,公司决议延长某股东的认缴期限且已经完成变更登记的情形,扩张解释为"未履行或者未全面履行出资义务"的余地。

(四) 可能性路径

成文法并未规定当事人交易完成,股东通过内部程序延长出资期限且已经变更登记的,能否以享有的延长后的出资期限利益对抗信赖原出资期限的债权人,也未规定是否可以追加此类型的延长出资期限的股东为被执行人,存在法律漏洞。面对实际纠纷,法院不能拒绝裁判,而成文法并无可以参照适用的规定,应适用法学理论以解决实际问题。笔者认为,此类纠纷涉及延长出资期限并办理变更登记的股东利益与公司债权人利益平衡的问题,从维护交易秩序和交易安全的角度,可以适用权利外观理论加以判断。适用权利外观理论需符合三个条件:外观的存在、信赖的合理性、可归责性。第一,从外观的存在判断,国务院发布的《注册资本登记制度改革方案》和《企业信息公示暂行条例》中规定,公司章程、年度报告、企业信用信息公示系统需要记载公司股东认缴出资期限。股东的原出资期限已进行登记公示，交易相对人对原出资期限具有信赖利益，符合外观的存在要件。第二，从信赖的合理性判断，商事登记具有公示功能，股东将原出资期限公示时，交易相对人对已经公示的出资期限具有信赖，出资期限届满的交易相对人可以认为出资已经实缴。第三，从可归责性判断。在股东通过内部程序延长出资期限并完成变更登记，交易相对人并无随时关注出资期限变更的义务，交易完成后，公司通过内部决议延长股东出资期限的，股东享有的出资期限利益的对抗效力不应当及于对原出资期限信赖的债权人。债权人基于对原登记事项的信赖，对出资期限未变更具有信赖利益，并无随时关注登记事项的变更的义务，其关于股东在原出资期限内履行出资义务的信赖利益应受保护。债权人对股东在原出资期限内履行出资义务的信赖利益优先于股东享有的延长后的出资期限利益。

适用权利外观理论可以达到的法律效果为，股东不能以享有延长后的出资期限利益对抗债权人要求其履行出资义务的请求。适用权利外观理论可以产生的法律效果为，表象与真实不符的表见事实视为真实或承担损害赔偿责任。交易相对人符合权利外观理论的适用条件，应当否定股东享有延长后的出资期限利益，视为出资期限未延长，股东按照原出资期限履行出资义务。在债权人申请强制执行时股东原出资期限已经届满的，应当直接适用《最高人民法院关于民事执行中变更、追加当事人若干问题的规定》第 17 条的规定，延长出资期限的股东属于"未缴纳或未足额缴纳出资"的情形，可以被追加为被执行人。

笔者建议《公司法》在修订时应增设条款，当事人交易完成，公司决议延长股东认缴出资期限且已经变更登记的，股东不能以延长后的出资期限利益对抗债权人对原出资期限的信赖利益，债权人请求股东按照原出资期限履行出资义务的，应予支持。

二、出资期限登记冲突情况中的适用

(一)股东出资期限登记冲突的情况

《企业信息公示暂行条例》和《注册资本登记制度改革方案》规定,股东的出资期限在公司章程、企业信用信息公示系统、年度报告中公示,其他的行政法规企业档案信息上也会显示出资期限,对出资期限公示的种类繁多。从法律的效力位阶上看,并无效力强弱之分。企业信息公示是资本市场下保护投资人的重要手段,商事登记信息的公示未确定登记效力。种类多样的公示不仅会使商事主体因登记冲突导致其是否应当享有出资期限利益处于不确定状态,也会因公示信息的真实性欠缺而导致对善意第三人信赖基础的质疑。

企业信用信息公示系统显示股东认缴的出资已经实缴,公司章程中体现为认缴期限未届至,债权人申请追加股东为被执行人的,法院对出资期限以哪一种为准存在不同的裁判观点。在黄某良与华智茂公司民间借贷纠纷一案①中,华智茂公司的公司章程中显示公司注册资本在10年内缴足,深圳市市场监督管理局出具的企业档案信息中显示股东出资未全额缴足,深圳市商事主体信用公示平台网上对外公示的2014年度报告中填报的信息为公司各股东已经足额缴纳其认缴的出资额。一审法院认为,股东享有出资期限利益,理由为根据公司章程,股东的认缴出资期限尚未届满。公司章程已经公示,债权人明知此事实,应承担交易风险,不能适用《最高人民法院关于民事执行中变更、追加当事人若干问题的规定》第17条的规定,不属于"未

---

① 深圳市中级人民法院(2018)粤03民终4276号民事判决书。

缴纳或未足额缴纳出资"的情形,判决不得追加为被执行人。二审法院则认为,应当否定股东的出资期限利益,理由是在深圳市商事主体信用公示平台网上对外公示的2014年度报告中填报的信息为公司各股东已经足额缴纳其认缴的出资额,该信息一经公示即对公司和相关股东产生法律效力,同时产生对外的公信力,故判决追加股东为被执行人。一审法院认为出资期限应当根据公司章程进行判断,出资期限未届至股东不能被追加为被执行人;二审法院认为出资期限应当根据公示信息平台的公示内容,已经公示足额缴纳认缴出资的,股东需以公示的情况履行出资义务,因股东未履行出资义务,故判决追加股东为被执行人。记载出资期限冲突,债权人信赖的某一登记为出资已实缴,而其他登记或实际情况为出资期限未届至,股东享有的出资期限利益以哪一种登记信息作为判断依据存在争议。

将企业怠于履行出资期限登记义务认为是未履行任意一种登记义务,是在股东认缴出资期限利益与债权人利益保护失衡之下的选择。债权人并无义务考察公司的实际出资情况,只能依靠登记的外观判断交易对象的情况,其基于对法律规定、行政规章要求的信息公开对公示信息产生信赖,其信赖的外观可能是某已登记事项下记载的出资已经实缴,或者并未注明出资期限而认为出资期限已经届满,据此善意相对人获得了信赖利益应当被保护的基础。在现行多种公示方式并存的情况下,应当认为效力等级相同,要求登记义务人在任何一种登记情况下均真实公开出资期限情况,否则,存在冲突时,以有利于债权人的出资期限登记情况作为判断依据更为合理。

(二)可能性路径分析

成文法并未规定公示信息冲突的情况下,登记优先效力登记问题,也并未对出资期限发生冲突时,能否追加在公示信息中已经登记实缴出资的股东而实际并未完全履行出资义务的股东为被执行人,存在法律漏洞。面对实际纠纷,成文法并无可以参照适用的规定,应当适用法学理论解决实际问题。

从维护交易秩序和交易安全的角度,可以适用权利外观理论加以判断。根据权利外观理论,登记义务人未履行登记义务,出现商事登记信息之间的冲突,不能对抗善意相对人基于对认缴出资已经实缴、出资期限已届期的信赖,此种情形下应否定股东的出资期限利益。从外观的存在上看,登记事项冲突但是登记效力等级相同,交易相对人无论基于哪一种登记公示予以信赖,均符合外观的存在要件。从信赖的合理性判断,交易相对人基于法律规定的登记义务人的登记义务,可以认为公示的出资期限是正确的且可信赖的。即使交易相对人发现公示冲突的事实存在,也不能要求其负担审查真相的义务。作为公司的外部人员,其不可能了解股东的真实出资情况,要求其调查事实真相会增加交易成本,不符合商事交易的效率要求。从可归责性判断,根据风险归责原则,商事登记公示信息真实是登记义务人负有的法定义务,即使是因登记义务人疏忽造成登记事项冲突,从其应当负担的如实登记义务来看,也应当对不特定的交易第三人制造的风险负责。综合考量公示冲突情况下承担不利益的主体,登记义务人比交易相对人纠正登记错误的成本更低。无论是变更登记还是发现登记事项冲突,登记义务人比交易相对人防范风险更为便利,而若由交易相对人发现公示冲突并且进行核实、纠正,会增加交易成本。由此产生的责任形态为登记的出资期限冲突的,不能对抗交易相对人对有利于其的登记事项的信赖。在公示的出资期限冲突,其中有登记公示为股东已经实缴出资的,法律后果为直接适用《公司法司法解释三》第13条第2款,股东对债权人承担未出资范围内的补充赔偿责任。

企业信息公示是资本市场下保护投资人的重要手段。从长远来看,应当完善商事登记信息的公示,确定公示登记的效力。2022年1月1日施行的《最高人民法院关于人民法院强制执行股权若干问题的规定》第4条第1款规定,人民法院可以冻结章程或股东名册等资料、公司机关的登记或备案信息、国家企业信用信息公示系统的公示信息之一载明的属于被执行人的股权,并未确定哪一种公示登记的效力优先。建议明确股东出资期限的登记公示及效力问题,在实体法与诉讼法中的规定应当保持一致,确定单一登记模式且具有最高效力级别的公示方式,从而改变现行公示种类繁多、效力强弱不明确的问题。

三、出资期限未届至转让股权情况中的适用

（一）学术争议

出资期限未届至的股权是否可以转让,法律并未明确规定,已经公示的出资期限未届至的股东、未公示出资期限未届至的股东,在未履行出资义务的情况下,是否可以转让股权等问题需明确。笔者认为,从转让效力上说,出资期限未届至股东转让股权的效力应当予以认可的,理由在于即使在未出资、瑕疵出资的情况下,根据《公司法司法解释三》第18条规定的未出资、瑕疵出资的股东转让股权后应承担的法律责任可知,法律并未禁止未出资、瑕疵出资股东转让股权的行为,是在责任承担方面确定其应当履行补足出资的义务。"举重以明轻",股东出资期限利益具有合法性,而违反法律规定的未出资、瑕疵出资转让股权的效力都为有效,无论出资期限未届至是否已经公示,出资期限未届至转让股权的行为应当是有效的,但在责任承担方面需要重新研判。

在出资期限未届至股东转让股权后,是否应当承担补足出

资义务方面,存在学术争议。"否定说"认为,出资期限未届至股权转让后,已经变更登记的,出让人无须承担补足出资的义务。股权转让完成后,受让人成为对外公示的公司股东,外部第三人对股权变动信息和相应的出资情况亦属于其合理审查的范围,交易风险不能再归责于出让人,债权人可以通过行使民法上的撤销权,以维护自身利益。①"肯定说"认为,基于公司的团体人格和财产性质,在受让方未履行出资义务时,公司有权请求转让方继续承担出资义务。②

笔者认为,"否定说"关于债权人可以行使民法上的撤销权以维护自身利益的主张不具有合理性。从撤销权行使的期间上看,撤销权制度无法保护债权人利益。撤销权的除斥期间仅1年,债权人知道转让之日,出资期限未届至时不能预见受让人届期是否能够履行出资义务,不能通过撤销权诉讼维护自身利益。出资期限未届至股东未履行出资义务即转让股权,在出资期限届满后,仅由受让人承担出资义务,损害了债权人对原股东在出资期限内履行出资义务的信赖利益。笔者部分赞同"肯定说"的观点。从债权人利益保护角度上看,债权人对出资未届期股东的出资履行能力具有信赖。如果出让人的资产充裕且信用值高,受让人的资产不足且信用较差,出让人不履行出资义务使债权人的履行期限未届至的债权期待权受到损害,出让方继续承担出资义务符合债权人对登记股东出资能力的信赖。从权利义务应当对等的角度看,出资未届期的股东享有出资期限利益,出让股权后获得了价款,转移了股东权利,但未对公司履行出资义

---

① 参见刘敏:《论未实缴出资股权转让后的出资责任》,载《法商研究》2019年第6期。
② 参见李志刚等:《认缴资本制语境下的股权转让与出资责任》,载《人民司法(应用)》2017年第13期。

务,权利义务明显失衡。从公司利益上看,《公司法》第 4 条规定了股东以其认缴的出资额或股份为限对公司承担责任,公司发起人具有向公司认购股份的意思表示,不应当免除其出资义务。

(二)实务情况

以下援引乐某群与天津国电海运有限公司(以下简称国电公司)、江苏乐氏燃料有限公司(以下简称乐氏公司)案外人执行异议之诉纠纷一案。① 在国电公司与乐氏公司货物运输合同纠纷中,生效文书判决乐氏公司给付国电公司运费 64 万元及上述款额的利息(自 2016 年 2 月 17 日起至判决确定的给付期限内实际履行之日止,按中国人民银行的同期贷款利率计算)。因乐氏公司未履行生效法律文书所确定的义务,该案进入强制执行程序。国电公司申请追加乐某群作为被执行人。经法院审理查明,乐氏公司于 2014 年 7 月 15 日设立,乐某群认缴出资额 1000 万元,出资时间 2016 年 7 月 20 日。后乐氏公司于 2016 年 7 月 18 日修改公司章程,股东姓名、出资额、出资方式及出资比例未变,将出资时间变更为 2026 年 7 月 20 日。2018 年 1 月 22 日,乐某群与案外人陆某远签订股权转让协议。协议约定,乐某群将持有的乐氏公司股权以零元转让给陆某远。

一审法院认为,乐某群属于《公司法司法解释三》第 19 条规定的未依法履行出资义务即转让股权的情形,应当被追加为被执行人。因公司以其全部财产对公司的债务承担责任,包括已经缴纳的部分出资和认缴后尚未到期的出资。乐某群应在尚未缴纳出资的范围内承担给付责任。二审法院认为,有限责任公司的设立实行注册资本认缴制,股东虽然可以依据公司章程

---

① 天津市高级人民法院(2018)津民终 422 号民事判决书。

自行决定如何缴纳出资,但应按期足额缴纳。乐某群作为乐氏公司设立时的股东,负有足额缴纳出资的义务。依照《公司法司法解释三》第13条第2款的规定,乐某群在转让乐氏公司股权之前负有足额缴纳出资的义务。乐氏公司章程变更股东出资期限不应对抗国电公司的权利主张,故判决驳回上诉,维持原判。

此情形并无成文法可以适用,司法实践中的做法是,扩张解释现行成文法,或将现行成文法类推适用于此案型中,即股东转让已认缴出资但未届出资期限的股权,法院将出资期限未届至的股东追加为被执行人。

在刘某强与丁某执行异议之诉纠纷一案[①]中,刘某强诉神龙源公司特许经营合同纠纷,法院判决神龙源公司赔偿刘某强经济损失22万元。因神龙源公司未履行生效法律文书所确定的义务,该案进入强制执行程序。刘某强申请追加丁某作为上述案件的被执行人。经法院审理查明,神龙源公司于2012年11月12日成立,公司原注册资本为50万元,原始股东均实缴出资。2014年11月6日,神龙源公司将公司注册资本由50万元增加到500万元,新增的450万元由韩某梅认缴205.5万元,由张某东认缴244.5万元,出资时间均为2024年11月6日。2015年1月13日,神龙源公司的股东再次变更,韩某梅将其持有公司255万元(占公司股份的51%)转让给丁某,韩某梅退出股东会;张某东将其持有公司245万元(占公司股份的49%)转让给韩某民,张某东退出股东会;新一届股东会由丁某、韩某民组成,其中丁某出资额为255万元,出资方式为货币,出资时间为2024年11月6日;韩某民出资额为245万元,出资方

---

① 北京知识产权法院(2018)京73民终1516号民事判决书。

式为货币,出资时间为2024年11月6日。

一审法院认为,有限责任公司的注册资本为在公司登记机关登记的全体股东认缴的出资额,股东应当按期足额缴纳公司章程中规定的各自所认缴的出资额,股东依法获得分期缴纳出资的期限利益受法律保护,且股东认缴的金额、实缴期限等均可通过企业信用信息公示系统查询。前述信息作为一种公示信息,债权人对此应当知晓,对于交易过程中的风险也可以并且应当预见,在无证据显示股东存在欺诈或者其他恶意损害债权人利益的情形下,直接要求股东放弃期限利益对公司债务承担责任,并不符合股东出资认缴制度的设立初衷。《最高人民法院关于民事执行中变更、追加当事人若干问题的规定》第17条、《公司法司法解释三》第13条第2款规定并未明确在公司认缴制中,作为被执行人的企业法人在不能清偿生效法律文书确定的债务时,可以追加认缴期未至的股东为被执行人。丁某未缴纳的205.5万元的出资时间为2024年11月6日,该期限尚未届满。一审法院未支持刘某强主张追加丁某为被执行人并在其未出资的范围内承担给付义务的诉讼请求。二审法院认为,我国公司注册资本制度采用认缴制,股东负有按期足额缴纳各自所认缴的出资额的义务,股东认缴出资的期限不但对股东具有约束力,对外亦产生公示效力,股东依法获得的分期缴纳出资的期限利益受法律保护。《最高人民法院关于民事执行中变更、追加当事人若干问题的规定》第17条规定的"未缴纳或未足额缴纳出资"之情形,应理解为"已届缴纳期限应当缴纳而未缴纳"之情形,因此在认缴期限尚未届满前股东未完成其认缴出资的不属于"未缴纳或未足额缴纳出资"之情形。丁某在认缴出资期限届满前不负有提前完成认缴出资的义务,不构成《最高人民法院关于民事执行中变更、追加当事人若干问题的规定》第17条规定的追加被执行人之情形。综上,判决驳回上诉,维持原判。

司法实践中的观点为,是否可以追加出资未届期转让股权的受让股东为被执行人,现行成文法中并未规定,可以通过解释《最高人民法院关于民事执行中变更、追加当事人若干问题的规定》第17条规定的"未缴纳或未足额缴纳出资"为"已届缴纳期限应当缴纳而未缴纳"而不支持追加受让人为被执行人。因无成文法的规定,当事人对自身行为的法律后果缺乏预见性,类案的差异也会导致当事人对法院判决结果公正的质疑,这是法律存在的漏洞,应当运用法学理论予以填补。在出资期限未届至股东转让股权是否应当对债权人承担相应责任的问题上,应从交易安全和信赖利益的角度分析债权人利益保护的正当性,可以适用权利外观理论加以分析,并为司法实践提供理论依据。

(三)权利外观理论适用的可能性

股东转让出资期限未届至的股权的,原股东、受让人应否被追加为被执行人,应当区分出资期限已经公示和出资期限未届至未经公示两种情况。

在出资期限未届至股东已经公示出资期限时,原股东、受让人应否被追加为被执行人,应当区分申请执行时出资期限是否已经届至。债权人申请执行时,出资期限已经届满的,追加原股东为被执行人,符合权利外观理论的适用条件。从外观的存在条件上看,原股东在商事登记中公示其出资期限和股东身份,交易相对人对原股东履行期限未届至的债权享有期待权,已经登记的原股东和出资期限符合外观的存在要件。从信赖的合理性上看,交易相对人基于商事登记的公示公信效力,信赖股东身份及在出资期限内履行出资的信赖具有合理性。从可归责性判断,在股东将出资期限未届至股权转让的,属于债务移转,根据债法原理,未经公司、债权人同意的,不能免除出让人出资期限内的出资义务。如果股东将出资期限未届至股权转让,未经过债权人同意的,即是违反了征得债权人同意的义务,股东因此具有可归责性。在符合权利外观理论适用条件的情形下,应当保护债权人的信赖利益。在债权人申请执行时,出资期限未届至的,受让股东、原股东享有出资期限利益,已经公示的出资期限债权人应当知晓,受让股东和原股东享有的出资期限利益具有合法性。除符合特定情形①外,其不应被追加为被执行人。

出资期限未届至未经公示,纠纷发生,债权被确认时,按照登记公示的出资期限已经届满。在此种情况下,原股东应否被追加为被执行人,可以适用现行成文法的规定。根据《公司法》第 34 条的规定,未经登记或者未经变更登记的不得对抗善意相对人。出资期限未届至但未经公示,登记事项未记载附出资期限或者公示的出资期限已经届满,债权人认为出资已经实缴,债权人信赖商事登记的利益应受保护。债权人基于对商事登记的公示功能,信赖股东已经实际履行出资义务。出资期限的真实情况为出资未届期,但因登记义务人未履行登记义务,未如实登记出资情况,对外公示的信息为出资期限已经届满。在此情况下,追加未登记公示的出资期限未届至即转让股权的原股东为被执行人,由其履行出资义务,有利于保护债权人的利益。登记义务人怠于履行登记义务将承担对其不利的法律后果。此种情况可以直接适用《最高人民法院关于民事执行中变更、追加当事人若干问题的规定》第 17 条,原股东属于该条款规定的"未

---

① 特定情形为执行中股东出资期限加速到期的相关研究,本书不作探讨。参见董惠江、王梦薇:《股东出资期限利益之否定——以权利外观理论为基础》,载《安徽师范大学学报(人文社会科学版)》2021 年第 1 期。

缴纳或未足额缴纳出资的股东",可以被追加为被执行人。

出资期限未届至未经公示,纠纷发生,债权被确认时,按照登记公示的出资期限已经届满。在此种情况下,已经变更登记的股权受让人应否被追加为被执行人,现行成文法并未规定。笔者认为,已经届期的未实缴出资股权转让后的出资责任归属问题,可以适用权利外观理论。从外观的存在要件上看,原股东出让全部股权,受让人成为登记公示的股东,对于债权人而言,认为应当承担出资义务的是登记公示的股东。从信赖的合理性要件考察,交易相对人基于商事登记的公示功能,信赖股东身份及在出资期限内履行出资的信赖具有合理性。从可归责性判断,对于知情的受让人而言,对未实缴出资股权的受让风险已经知晓,其在受让时对于对价的考量已经包含承担出资义务的风险评估。对于不知情的受让人而言,作为商事交易主体应对自身的行为负责,在受让股权之前未尽审查义务具有可归责性;同时,应当赋予不知情的受让人向原股东追偿的权利,在不知情的受让人出资后可以向原股东追偿。已经届期的未实缴出资股权的受让人,可以被追加为被执行人。

第三节 股权执行异议中权利外观理论的不适用

一、股权强制执行概述

(一)股权被采取强制措施的法律依据

根据《最高人民法院关于人民法院执行工作若干问题的规定(试行)》第37~39条的规定,人民法院对被执行人在其他股份有限公司中持有的股份凭证(股票),在有限责任公司、其他法人企业中的投资权益和股权,在独资开办的法人企业中拥有的投资权益,可以采取强制执行措施。如 A 为金钱债权的申请执行人,B 为名义股东,C 为隐名股东,若 A 向法院申请执行 B 的财产,B 无给付能力的,法院对 B 名下的股权采取执行措施时,C 可以提起案外人执行异议之诉。根据《最高人民法院关于适用〈中华人民共和国民事诉讼法〉的解释》第 311 条的规定,案外人或者申请执行人提起执行异议之诉的,案外人应当就其对执行标的享有足以排除强制执行的民事权益承担举证责任。因股权权属争议引起的案外人执行异议之诉,是司法实务的难点问题,需要判断不同主体之间的权利的优先性。

(二)股权执行异议之诉中的实务争议

在案外人执行异议之诉中,成文法未对名义股东的债权人与隐名股东之间的利益优先性进行规定,存在法律漏洞,司法实践中缺乏可以适用的法律条文。

司法实践中有裁判观点认为对现行实体法通过法律解释方法,解决金钱债权申请执行人与隐名股东之间的争议,如扩张解释《公司法》第 34 条第 2 款中的"善意相对人"适用于强制执行纠纷中。也有法官适用权利外观理论进行裁判的释法说理,但出现了裁判文书中不同审级的法院都是用权利外观理论进行说理,却得出相反结论的情况。司法实务中权利外观理论滥用的情况大量存在,将商事登记公示等同于权利外观理论,将权利外观理论适用于非商事交易关系中,错误套用权利外观理论适用条件,未能妥善地解决实务中的纠纷。

笔者认为,涉股权执行异议之诉中,金钱债权申请执行人与隐名股东、股权受让人、股权共有人利益优先性应当明确,因现行执行法律缺失,对此案型有加以规范的必要性。在寻求解决方法时,可以通过类推适用、扩张解释实体法规范此案型,在经由类推适用、扩张解释等法解释方法都不能找到规范依据时,需要依据法理。换言之,权利外观理论的适用应当经过论证和适用条件的研判。

二、股权实际权利人提起执行异议中的不适用

(一)司法实务中的争议与问题

在河南寿酒公司与河南三力公司、韩某等案外人执行异议之诉一案①中,河南寿酒公司以其为股份的实际权利人为由,向法院请求停止对河南三力公司名下辉县农商行 1400 万元股份中的 400 万元股份的执行。申请执行人韩某是河南三力公司的一般债权人,河南三力公司不履行生效法律文书确定对韩某的金钱给付义务,韩某向法院请求强制执行河南三力公司名下的财产,法院查封了登记在河南三力公司名下辉县农商行的案涉股权。一审法院判决认为河南寿酒公司是股权的实际出资人,辉县农商行曾向河南寿酒公司发放分红,故支持案外人的诉讼请求,确认河南三力公司名下的辉县农商行 1400 万元股份中的 400 万元股份归河南寿酒公司所有,停止对河南三力公司名下辉县农商行 400 万元股份的执行。二审法院认为,河南寿酒公司是案涉 400 万元股份的实际权利人,但"根据商事外观主义原则,有关公示体现出来的权利外观,导致第三人对该权利外观产生信赖,即使真实状况与第三人的信赖不符,只要第三人的信赖合理,第三人的民事法律行为效力即应受到法律的优先保护"。《公司法》第 34 条第 2 款规定,未经登记或者变更登记的,不得对抗善意相对人。善意相对人的范围不应当限缩于与显名股东存在股权交易关系的债权人。名义股东的非基于股权

---

① 河南省高级人民法院(2017)豫民终 655 号民事判决。

处分的债权人亦应属于法律保护的"第三人"范畴。河南三力公司作为案涉 400 万元股份的登记股东，因其未能清偿到期债务而成为被执行人时，韩某作为债权人依据工商登记中记载的股权归属，有权向人民法院申请对上述股份强制执行。故判决撤销一审判决，驳回河南三力公司的诉讼请求。

一审、二审法院的裁判结果完全相反。一审法院认为实际出资人的权利优先于金钱债权的申请执行人；二审法院认为实际权利人不能对抗申请执行人，应当适用权利外观理论扩张解释《公司法》第 34 条第 2 款。笔者认为，扩张解释该条款中的"善意相对人"为包括名义股东的债权人的情况，不符合解释学的方法。

(二) 解决争议的方法

1. 扩张解释《公司法》第 34 条第 2 款的不可行性

司法实践中有法院将商事登记对抗效力中的"善意相对人"扩张解释为包括申请执行人即名义股东的金钱债权人，理由为债权人与债务人之间发生金钱债权债务关系时，债务人名下的财产均是对外承担责任的财产，债权人在执行程序中对债务人名下股权的保全行为具有信赖利益。债权人出借款项时，债务人以其一般财产作为债权的担保，申请执行人基于对名义股东名下股权进行保全的行为，属于具有信赖利益的交易相对人。[1] 反对说认为，名义股东的金钱债权人，其申请执行股权是基于在财产调查过程中的偶然发现，股权登记并不构成其在实施交易行为时的信赖，其无权申请强制执行名义股东代持的股权。[2]

---

[1] 最高人民法院(2019)最高法民申 6275 号民事判决书。
[2] 参见王毓莹:《股权代持的权利架构——股权归属与处分效力的追问》，载《比较法研究》2020 年第 3 期。

笔者认为,扩张解释是法律漏洞的补充方法之一,扩张解释着重将法条文义与立法真意相比较,是从法律的目的性出发,符合规范一致的某种事实类型,未被法条文义所涵盖。① 将《公司法》第34条第2款中的未经登记或者变更登记的,不得对抗善意相对人中的"善意相对人"扩张解释为包括"申请执行人",二者之间应当保持规范目的的一致性。从法律规定所保护的意旨上看,商事登记的目的是将经营者的状态公开,以保障交易相对人在掌握信息的情况下进行交易,确保交易的安全。执行异议之诉中的金钱债权执行申请人的利益并不属于信赖商事登记而进行交易的第三人,申请执行人在申请执行之前基础法律关系中的行为也并非因信赖而作出,在执行中因对被执行人名下财产进行查询而知晓股权存在的申请执行人,不存在因信赖而进行的交易行为。扩张解释商事登记对抗中的"第三人",认为包括"金钱债权申请执行人"不符合法律规范保护的意旨,不能作此扩张解释。

2. 适用权利外观理论的不可行性

司法实践中广泛采用的权利外观理论解决申请执行人、实际权利人之间的利益冲突,笔者并不赞同。权利外观理论的价值在于维护交易安全和交易效率,是在交易关系中发挥维护交易秩序的作用,保护交易相对人的信赖利益。执行程序中国家公权力机关对被执行人财产的查询和冻结,并不属于申请执行人的交易行为。交易行为是平等主体之间的商事活动,而执行行为是申请执行人凭借公权力实现债权的一种手段,两者具有本质的区别。申请执行人在强制执行中偶然发现名义股东持有的股权,如赋予申请执行人取得股权利益的正当性,实际权利人

---

① 参见梁慧星:《民法解释学》(第4版),法律出版社2015年版,第224页。

无法预见也无权利救济的可能。申请执行人的利益与实际权利人的利益之间相比较,不存在权利优先的理由。

从权利外观理论适用的条件上看,商事登记记载事项存在名义股东与实际权利人不一致的情形,但在基础法律关系中,金钱债权的申请执行人并非基于对股权登记的信赖而产生债权债务关系,不符合外观的存在以及信赖的合理性适用条件。关于实际权利人具有可归责性问题,股权代持并不是违法行为,实际权利人应当在其风险范围内承担责任,强制执行是金钱债权的申请人偶然发现的名义股东持有的股权,如果赋予其正当利益,实际权利人无法预见也没有权利救济的措施。因适用条件不同,权利外观理论不能适用于金钱债权的执行申请人与实际权利人之间的利益平衡中。

三、股权受让人提起执行异议中的不适用

(一)实务裁判观点

在张某全与领和公司、彭某芬等案外人执行异议之诉一案[1]中,张某全以其为股权受让人为由提起案外人执行异议之诉,请求法院停止执行彭某芬名下的华信公司的2.5%的股份。申请执行人领和公司与被执行人彭某芬之间因金融借款合同产生纠纷,领和公司根据法院生效法律文书确定的金钱给付义务,向法院申请执行,彭某芬在指定期间内未履行义务,法院对其名下财产采取执行措施,其中包括案外人主张的华信公司的2.5%的股份。一审法院认为,"商事外观主义原则认为,相对人如果对商事主体对外公示的外观事实产生合理信赖,并依此从事相应的行为,即使外观事实与真实事实不一致,仍然按照外观

---

[1] 佛山市中级人民法院(2016)粤06民终1582号民事判决书。

事实认定行为的法律效力,商事外观主义原则的立法价值在于维护商事交易安全"。《公司法》第34条第2款规定的"不得对抗善意相对人"的目的是维护商事交易安全,而对于非商事交易的第三人,由于公司登记公示的权利不是该第三人的交易对象,其没有基于公司登记所产生的交易信赖,也就不存在交易安全的问题。申请执行人是名义股东的一般债权人,并非就股权进行交易,不存在基于股权登记的信赖利益。股权受让人张某全对于未办理案涉股权变更登记手续不存在过错,华信公司将张某全列于公司股东名册,张某全以实际持股人身份参与公司的利润分配,可以确认已经受让取得彭某芬转让的案涉股权。故判决停止上述涉案股权执行措施并确认股权权属。领和公司不服一审判决提起上诉。二审法院与一审法院意见一致,驳回了领和公司的上诉。

司法实践中将权利外观理论适用于解释《公司法》第34条,得出的结论是申请执行人并非属于该条款规定的"善意相对人"。裁判中适用权利外观理论进行解释成文法,比较未变更登记的股权受让人与执行申请人之间的利益优先性。

(二)适用权利外观理论不可行

在法院采取强制措施之前受让股权的股权受让人,与隐名股东具有相似性。从股东权利的获得上看,股权受让人基于股权转让协议,实际出资之后,与股权出让人意思表示一致,可享有股东权利。隐名股东基于股权代持协议,并且实际出资,基于与名义股东之间的协议约定,可享有股东权利。两者在权利的取得上具有一致性。从商事登记的事项上看,隐名股东和未进行变更登记的股权受让人在公示信息中未有体现。从权利的正当性上看,隐名股东的权利为法律确定的合法权利,未经登记的股权受让人存在已经参与公司实际经营或参与公司实际经营的情况,具有合法性的利益。

因现行法律未对股权受让人、金钱债权执行申请人之间发生争议时应当如何处理作出规定,司法实践中存在适用权利外观理论解释《公司法》第 34 条规定的空间,以判断申请执行人是否应为保护交易安全的第三人。权利外观理论的适用条件为,外观的存在、信赖的合理性、可归责性。从信赖的合理性要件考察,申请执行人并不存在因信赖商事登记进行交易的行为,并不是基于公司登记所产生的交易信赖,不符合信赖的合理性要件。在股权受让人未变更登记与金钱债权执行申请人之间进行利益优先性比较时,不能适用权利外观理论。

本章小结

法律未规定能否追加出资期限未届至的股东为被执行人,存在法律漏洞,可以适用权利外观理论填补法律漏洞。在公司通过内部程序延长股东出资期限的,可以适用权利外观理论进行判断,符合适用条件,股东不能以延长后的出资期限利益对抗债权人对原出资期限的信赖,债权人要求股东在原出资期限内履行出资义务的,应予支持。在出资期限登记冲突的情况下,法律未规定登记的优先效力,在追加某一公示信息显示已实缴出资的股东为被执行人时,股东以其他公示信息显示出资期限未届至为由进行抗辩,应否追加股东为被执行人,司法实践中存在不同的裁判结果。适用权利外观理论,在公示冲突的情况下,是违反了登记义务,符合权利外观理论的适用条件,债权人追加某一公示出资期限已届至股东为被执行人具有合理性。在出资期限未届至,原股东转让股权的情况下,能否追加受让股东为被执行人，法律未予规定。在符合权利外观理论适用条件时，已经届期的未实缴出资股权的受让人，可以被追加为被执行人。在金钱债权执行中，申请执行人通过法院执行行为偶然发现被执行人的财产时，并不属于交易相对人，司法实践中在这一案件类型中适用权利外观理论是对该理论的误用，应予纠正。

结　语

权利外观理论虽然起源于民法,但是其保护交易安全,促进交易效率的功能,与商事交易关系中的安全需求、公平需求、效率需求相契合,是权利外观理论突破民法的个别适用而在商事交易法律关系中普遍适用的价值基础。域外法的发展,也经历了从民事领域开始逐渐拓展至商事领域的过程,研究权利外观理论在我国商事领域中的适用,符合理论的发展趋势。权利外观理论的商事适用体现为,商事主体中的适用是与商事登记制度相结合,在商事行为中适用于票据法领域、证券法领域;债法领域中的适用与债权转让相结合,适用于以商事主体为被执行人和商事权利为执行标的的案外人执行异议的司法实践。权利外观理论为解释成文法、填补法律漏洞提供法理支持。

在商事登记制度中的适用,可以解释《民法典》第 65 条中"登记事项与真实情况不一致"时适用权利外观理论论证善意第三人的标准及分析信赖利益保护的合理性。在登记错误情形下,如商主体性质登记错误、股东身份登记错误、出资期限登记错误;在应登记未登记情形下,如内部限制应登记未登记、变更事项应登记未登记;在连续交易登记变更情形下,如法定代表人变更、出资期限变更,权利外观理论适用于保护交易相对人信赖商事登记事项而进行的交易。在符合权利外观理论的适用条件,即外观的存在、信赖的合理性和可归责性时,交易相对人的信赖利益应受保护。建议对《民法典》第65条增加司法解释,登记义务人进行错误登记的,善意第三人可以依据登记事项向登记义务人主张权利,但第三人明知不正确的除外。在应进行商事登记而尚未登记情形下,负有登记义务的人不得以登记事项对抗善意第三人。变更登记事项的,登记义务人不能以变更后的登记事项对抗连续交易信赖登记事项未变更的交易相对人。

在商事行为中的适用,商事行为具有采取表示主义、意思表示瑕疵可撤销受到限制的特性,适用《民法典》第一编中意思表示的规定会损害交易安全和效率,适用"探求真实意思"的裁判理念也不符合商事案件裁判的需要。在票据、证券、债法领域,权利外观理论具有适用空间。在票据行为中,权利外观理论可以适用于非常态票据移转,以弥补契约说的不足,发挥填补制度漏洞的作用。在票据伪造情形中,适用表见代理制度与票据原理相冲突,在论证被伪造人承担责任的正当性时,可以适用权利外观理论。在票据变造情形中,《票据法》第14条的规定存在不足。对票据变造可归责的署名人,虽然在变造前签章,但是因符合权利外观理论的适用条件,应当承担责任。在证券虚假陈述中,适用侵权责任构成要件论证虚假陈述人承担责任的构成要件的合理性存在欠缺,证券虚假陈述民事责任应属信赖利益保护规则,适用权利外观理论与证券法保护交易安全的宗旨更为匹配。在债权转让制度中,《民法典》第 545 条第 2 款前半段未规定善意第三人应当满足的条件,适用权利外观理论可以解决善意第三人判断的标准问题。建议对该条增加司法解释的规定,即在符合如下条件之一的,可以视为善意第三人:(1)当事人之间的公证债权文书中不存在禁止转让约定;(2)受让人取得了债务人不存在禁止转让约定的承诺;(3)债权连续转让中,虽然中间受让人明知存在禁止转让约定而受让债权,但向债务人主张权利的第三人对此情况并不明知。现行成文法未对债权表见让与情形下债务人清偿债务的法律效果进行规定,可以适用权利外观理论进行论证,建议增加债权表见让与的规定。

强制执行部分围绕追加股东为被执行人和股权为执行标的两个方面进行研究。现行成文法中并未规定延长出资期限的股东、出资期限登记冲突的股东、出资期限未届满转让股权的原股东及受让人,以及公示出资期限与实际不一致的股东能否被追加为被执行人,存在法律漏洞,可以适用权利外观理论为解决纠纷提供思路。笔者认为,当事人完成交易,公司决议延长某股东的认缴出资期限并进行变更登记的,股东不能以延长后的出资期限利益对抗债权人对原出资期限的信赖利益;出资期限登记冲突的,债权人主张某一公示登记出资期限已经届满要求股东履行出资义务的,应予支持;出资期限未届至转让股权的,出让人在出资期限届满之后应对认缴出资负担出资义务,可以将已变更商事登记的受让人追加为被执行人;商事登记的出资期限与实际出资期限不一致的,商事登记为认缴出资且已经实缴的,视为已届期未出资,可以被追加为被执行人。在金钱债权执行中,申请执行人通过法院执行行为偶然发现被执行人的财产,申请执行人不属于交易相对人,司法实践中对此案型适用权利外观理论是误用,应予纠正。

权利外观理论适用的一般规则为：一是作为对一般信赖给予保护思想的理论，依据权利外观理论说明已经制度化的保护善意第三人的正当性；二是在具体的制度之外解决第三人对外观信赖的保护。对于信赖商事登记的交易相对人、信赖非金钱债权不存在禁约的受让人，成文法已经将信赖保护思想制度化，权利外观理论的适用是具体化善意第三人需满足的条件。对于非常态票据移转中的善意第三人，信赖受让人具有受领权限并已经履行债务的债务人、执行中申请追加出资期限未届至股东的债权人，现行成文法对善意相对人并未给予应有的保护，权利外观理论可以成为法律漏洞的补充工具。

权利外观理论的不适用体现在：不存在商事交易关系时不能适用，如在申请执行人通过法院执行行为偶然发现被执行人的财产，申请执行人不属于交易相对人，不能适用权利外观理论；已经将第三人信赖保护制度化时不能适用，如在常态票据移转中对善意取得人的保护已经由《票据法》直接规定，无须适用权利外观理论；不符合适用条件的不能适用，如对真正权利人与外观登记人之间不存在信赖外观的第三人不能适用，知悉真实情况的交易相对人因不符合信赖的合理性要件，亦不能适用。

本书将权利外观理论的研究与司法实务中的案例相结合，在运用法学理论解决现行成文法中规定的不完善之处时，提出以权利外观理论为基础构建信赖保护原则，并作为商法的基本原则指导司法实践的方法。权利外观理论在商事交易关系中的适用不限于本书讨论的范围。在涉及信赖利益保护的其他方面，权利外观理论仍有适用的空间，今后还需对权利外观理论在其他方面的适用进行深入研究。

参考文献

一、著作类

[1]罗瑶:《法国民法外观理论研究》,法律出版社 2011 年版。

[2]高金松:《空白票据新论》,五南图书出版公司 1987 年版。

[3]马新彦:《现代私法上的信赖法则》,社会科学文献出版社 2010 年版。

[4]丁南:《民法理念与信赖保护》,中国政法大学出版社 2013 年版。

[5]王焜:《积极的信赖保护——权利外观责任研究》,法律出版社 2010 年版。

[6]侯巍:《民事权利外观的信赖保护——以财产权继受取得为视角》,人民出版社 2012 年版。

[7]吴国喆:《权利表象及其私法处置规则——以善意取得和表见代理制度为中心考察》,商务印书馆 2007 年版。

[8]冯玥:《商法中的外观主义研究》,武汉大学出版社 2019 年版。

［9］叶金强:《信赖原理的私法结构》,北京大学出版社2014年版。

［10］朱广新:《信赖责任研究——以契约之缔结为分析对象》,法律出版社2007年版。

［11］最高人民法院民事审判第二庭编著:《〈全国法院民商事审判工作会议纪要〉理解与适用》,人民法院出版社2019年版。

［12］最高人民法院民法典贯彻实施工作领导小组编著:《〈中华人民共和国民法典〉合同编理解与适用》,人民法院出版社2020年版。

［13］最高人民法院民法典贯彻实施工作领导小组编著:《〈中华人民共和国民法典〉总则编理解与适用》,人民法院出版社2020年版。

［14］王保树主编:《商法》,北京大学出版社2011年版。

［15］黄茂荣:《法学方法与现代民法》,中国政法大学出版社2001年版。

［16］赵万一主编:《商事登记制度法律问题研究》,法律出版社2013年版。

［17］陈自强:《民法讲义Ⅱ——契约之内容与消灭》,法律出版社2004年版。

［18］王泽鉴:《民法物权2:用益物权.占有》,中国政法大学出版社2001年版。

［19］杨代雄:《法律行为论》,北京大学出版社2021年版。

［20］公丕祥:《法制现代化的理论逻辑》,中国政法大学出版社1999年版。

［21］田土诚主编:《交易安全的法律保障》,河南人民出版社1998年版。

［22］徐国栋:《民法基本原则解释——诚信原则的历史、实务、法理研究》,北京大学出版社 2013 年版。

［23］刘成杰:《日本最新商法典译注详解》(第 2 版),中译出版社 2021 年版。

［24］杨震:《法价值哲学导论》,中国社会科学出版社 2004 年版。

［25］董惠江主编:《票据法教程》,对外经济贸易大学出版社 2009 年版。

［26］王利明:《物权法研究(修订版)(上卷)》,中国人民大学出版社 2007 年版。

［27］陈洁:《证券民事赔偿制度的法律经济分析》,中国法制出版社 2004 年版。

［28］范健、王建文:《证券法》,法律出版社 2020 年版。

［29］常怡主编:《强制执行的理论与实务》(修订本),重庆出版社 1992 年版。

［30］梁慧星:《民法解释学》(第 4 版),法律出版社 2015 年版。

［31］吴京辉:《票据行为论》,中国财政经济出版社 2006 年版。

［32］柴发邦主编:《民事诉讼法学新编》,法律出版社 1992 年版。

［33］赖英照:《股市游戏规则:最近证券交易法解析》,中国政法大学出版社 2006 年版。

［34］赵秉志主编:《现代法治的理念》,北京师范大学出版社 2012 年版。

［35］党海娟:《商事登记制度基本问题研究》,法律出版社 2017 年版。

[36]韩世远:《合同法总论》(第3版),法律出版社2011年版。

[37]全先银:《商法上的外观主义》,人民法院出版社2007年版。

[38]张民安:《商法总则制度研究》,法律出版社2007年版。

[39]刘晓华:《私法上的信赖保护原则研究》,法律出版社2015年版。

二、期刊类

[1]董惠江:《中国票据法理念与立法技术的反思》,载《环球法律评论》2020年第5期。

[2]董惠江:《票据表见代理适用及类推适用的边界》,载《中国法学》2007年第5期。

[3]董惠江:《我国票据伪造、变造制度的设计——围绕〈票据法〉第14条展开》,载《法商研究》2018年第2期。

[4]董惠江:《票据法的坚守与发展》,载《中国法学》2010年第3期。

[5]肖建国、庄诗岳:《论民事执行权与行政权的冲突与协调》,载《东岳论丛》2020年第6期。

[6]王毓莹:《股权代持的权利架构——股权归属与处分效力的追问》,载《比较法研究》2020年第3期。

[7]徐银波:《法人依瑕疵决议所为行为之效力》,载《法学研究》2020年第2期。

[8]朱虎:《禁止转让债权的范围和效力研究:以〈民法典〉规则为中心》,载《法律科学(西北政法大学学报)》2020年第5期。

[9]施天涛:《商事法律行为初论》,载《法律科学(西北政法大学学报)》2021年第1期。

[10]刘敏:《论未实缴出资股权转让后的出资责任》,载《法商研究》2019年第6期。

[11]崔建远:《论外观主义的运用边界》,载《清华法学》2019年第5期。

[12]李建伟:《有限责任公司股权变动模式研究——以公司受通知与认可的程序构建为中心》,载《暨南学报(哲学社会科学版)》2012年第12期。

[13]李建伟、罗锦荣:《有限公司股权登记的对抗力研究》,载《法学家》2019年第4期。

[14]李志刚等:《公司对外担保无效之赔偿责任》,载《人民司法》2020年第19期。

[15]刘江伟:《有限公司股权善意取得规则的检讨与适用》,载《成都理工大学学报(社会科学版)》2017年第5期。

[16]张双根:《股权善意取得之质疑——基于解释论的分析》,载《法学家》2016年第1期。

[17]张双根:《论隐名出资——对〈公司法解释(三)〉相关规定的批判与发展》,载《法学家》2014年第2期。

[18]张双根:《德国法上股权善意取得制度之评析》,载《环球法律评论》2014年第2期。

[19]黄忠顺:《中国民事执行制度变迁四十年》,载《河北法学》2019年第1期。

[20]石一峰:《论商事登记第三人效力》,载《法商研究》2018年第6期。

[21]王建文:《再论股东未届期出资义务的履行》,载《法学》2017年第9期。

[22] 谭津龙:《中国有限公司股权善意取得的质疑——基于〈公司法解释三〉及其扩大适用》,载《重庆大学学报(社会科学版)》2019年第4期。

[23] 庄加园:《〈合同法〉第79条(债权让与)评注》,载《法学家》2017年第3期。

[24] 李志刚等:《认缴资本制语境下的股权转让与出资责任》,载《人民司法(应用)》2017年第13期。

[25] 张雅辉:《论商法外观主义对其民法理论基础的超越》,载《中国政法大学学报》2019年第6期。

[26] 周伦军:《法定代表人越权行为与善意第三人保护》,载《人民司法(应用)》2017年第28期。

[27] 冯果、南玉梅:《论股东补充赔偿责任及发起人的资本充实责任——以公司法司法解释(三)第13条的解释和适用为中心》,载《人民司法(应用)》2016年第4期。

[28] 范健:《商行为论纲》,载《南京大学法律评论》2004年第2期。

[29] 范健:《中国〈民法典〉颁行后的民商关系思考》,载《政法论坛》2021年第2期。

[30] 梁上上:《未出资股东对公司债权人的补充赔偿责任》,载《中外法学》2015年第3期。

[31] 王远明、唐英:《公司登记效力探讨》,载《中国法学》2003年第2期。

[32] 叶林:《商行为的性质》,载《清华法学》2008年第4期。

[33] 谢欣欣、谢春晖:《上市公司虚假陈述之民事责任》,载《人民司法(案例)》2016年第2期。

[34] 俞巍、陈克:《公司资本登记制度改革后股东责任适法

思路的变与不变》，载《法律适用》2014 年第 11 期。

［35］曹顺明、郎贵梅：《我国信息披露不实的民事责任及其立法完善》，载《当代法学》2002 年第 4 期。

［36］王利明：《我国证券法中民事责任制度的完善》，载《法学研究》2001 年第 4 期。

［37］饶爱民：《证券虚假陈述民事责任性质之界定》，载《法治研究》2010 年第 4 期。

［38］刘保玉、郭栋：《权利外观保护理论及其在我国民法典中的设计》，载《法律科学（西北政法大学学报）》2012 年第 5 期。

［39］周小锋：《定位债权让与之性质——以区分原则为其基础》，载《甘肃政法学院学报》2009 年第 1 期。

［40］耿利航：《美国证券虚假陈述的"协助、教唆"民事责任及其借鉴——以美国联邦最高法院的判例为分析对象》，载《法商研究》2011 年第 5 期。

［41］程啸：《论不动产善意取得之构成要件——〈中华人民共和国物权法〉第 106 条释义》，载《法商研究》2010 年第 5 期。

［42］李永锋：《债权让与中的若干争议问题——债务人与债权受让人之间的利益冲突与整合》，载《政治与法律》2006 年第 2 期。

三、论文类

［1］董惠江：《票据抗辩论》，中国政法大学 2006 年博士学位论文。

［2］汤小丰：《隐名股东的法律问题研究》，大连海事大学 2016 年硕士学位论文。

［3］翁晓健：《证券市场虚假陈述民事责任之比较研究》，厦

门大学2003年博士学位论文。

[4]冯翔:《商事登记效力研究》,吉林大学2011年博士学位论文。

四、国外文献类

[1][日]松波仁一郎:《日本商法论》,秦瑞玠、郑钊译述,王铁雄点校,中国政法大学出版社2005年版。

[2][日]我妻荣:《新订债权总论》,王燚译,中国法制出版社2008年版。

[3][日]近藤光男:《日本商法总则·商行为法》,梁爽译,法律出版社2016年版。

[4][美]E.博登海默:《法理学——法律哲学与法律方法》,邓正来译,中国政法大学出版社2017年版。

[5][德]卡尔·拉伦茨:《德国民法通论》,王晓晔等译,法律出版社2003年版。

[6][德]卡尔·拉伦茨:《法律行为解释之方法——兼论意思表示理论》,范雪飞、吴训祥译,邵建东校,法律出版社2018年版。

[7][德]C.W.卡纳里斯:《德国商法》,杨继译,法律出版社2006年版。

[8][德]拉德布鲁赫:《法学导论》,米健译,商务印书馆2016年版。

[9][德]奥拉夫·穆托斯特:《德国强制执行法》(第2版),马强伟译,中国法制出版社2020年版。

[10][德]维尔纳·弗卢梅:《法律行为论》,迟颖译,法律出版社2013年版。

[11][德]迪特尔·梅迪库斯:《德国债法总论》,杜景林、卢

谌译,法律出版社 2004 年版。

[12][法]雅克·盖斯旦、吉勒·古博、缪黑埃·法布赫-马南:《法国民法总论》,陈鹏等译,法律出版社 2004 年版。

[13][韩]李井杓:《韩国商法上的表见责任制度之研究》,载王保树主编:《商事法论集》,法律出版社 1999 年版。

五、外文类

[1] Claus-Wilhelm Canaris, Die Vertrauenshaftung im Deutschen Privatrecht, Muenchen Mcmlxxi, 1971.

[2] Moritz Wellspacher, Das Vertrauen auf aubere Tatbestande imburgerlichen Recht, Enleitung, 1906.

[3] Naendrup, Begriff des Rechtsscheins und Aufgabe der Rechtsscheins forschung, Heft, 1910.

[4] Agnès Rabagny, *Image juridique du monde: apparence et la réalité*, léd, Dalloz, 2003.

[5] Henri Roland, Laurent Boyer, *adages du droit francais*, 4éd, Litec, 1999.

[6] Jacques Ghestin et Gilles Goubeaux, *Traité de droit civil: introducetion generale*, 3éd, LGDJ, 1990.

[7] Arrighi, *Apparence et réalité en droit priv: contribution à l'etude de laprotection des tiers contre les situations apparentes*, Thèse Nice, 1974.

[8] Ernst Jacobi, Wechsel-und Scheckreht, 1956.

[9] Jean-Louis Souriooux, *La croyance légitime*, JCP, 1982.

[10] Eleonora Rajneri, «Il principio dell'apparenza giuridica», *in Rassegna di diritto civile*, 1997.

致　谢

时光荏苒,三年半的法学博士学习美好而充实。工作多年后踏上了求学之路,重归学生身份给予我满满的获得感,入学之后向着学历最高峰一步步迈进,在毕业时回望来时路,已然在不知不觉中留下了长长的一串脚印。读博经历于我而言,是一种馈赠和礼遇。

最感谢的人是董惠江教授,成为恩师的学生是我的幸运。导师深厚的理论功底、渊博的法学知识和缜密的逻辑思维,让我折服。在选择研究课题时,导师考虑我的学术能力和课题研究的未来走向,避免了我在不适合自身情况的选题方向上走弯路。正是导师渊博的知识和前瞻性的眼光,对我选题方面给予悉心的指导,让我的论文写作进展顺利。在论文框架设定、章节安排、学术规范、研究方法等各个方面,导师都给予了精心指点。在生活和思想方面导师和师母关心着我,鼓励我计划好时间,按部就班地完成论文写作,同时也嘱咐我要兼顾家庭生活和身心健康。导师对学生的学术培养要求极为严格，但生活中平易近人，以宽大的胸怀包容着我的缺点与不足。我在学术研究过程中取得的每一点进步，都是导师精心培养的结果，这必将使我受益终身。

感谢杨震老师、陈彦晶老师、孙毅老师精彩的课程讲授以及学术研究方法的传授，使我受益匪浅，老师们以不同方式给予启发，从不同角度打开了我的写作思路，解开了学术研究中的困惑，对本书的写作大有裨益。感谢刘生亮老师的指点和帮助，鼓励我完成学业。感谢申建平老师、王歌雅老师、张铁薇老师指出我研究中存在的不足，帮助我进一步充实论文的研究内容，拓宽研究视角。

感谢哈尔滨中院的领导们对我继续深造的支持。感谢陶传贵庭长对我工作的照顾和生活的关心，使我可以顺利完成学业。感谢邵伟局长、赵晓波主任等领导对我学业的支持和帮助。感谢宛吟竹女士，在论文选题和论文写作方面与我探讨，给予我很多有益的建议。感谢我的同事们对我学业的支持和情感的关心。

感谢刘巍巍师姐，师姐将写作步骤、论文写作时间安排和答辩过程等经验无私地分享给我，缓解了我在学习过程中的焦虑，鼓励我坚持下去就会迎来曙光。感谢李云滨师兄、徐广海师兄、任广章师姐、李玲玲师妹、王亚需师弟给予我无私的交流和帮助。感谢我的朋友们在生活中给予的关心和陪伴。所有的美好回忆，都会成为我人生历程的宝贵财富，相信我们会一直相互扶持，互相见证彼此的美好与辉煌。

感谢父母赐予生命让我体验人生，陪伴在我成长的每一个阶段，为我提供爱的港湾。感谢我的公公、婆婆对我的包容和付出。感谢我的爱人给予的情感呵护。孕育、照顾女儿与论文修改同时进行着,让忙碌的学习生涯增添了更多的幸福。

回首读书期间的经历,满载收获。展望未来,我将继续追梦前行。

图书在版编目（CIP）数据

权利外观理论的商事适用 / 王梦薇著. -- 北京：法律出版社，2025. -- ISBN 978-7-5244-0251-0

Ⅰ. D923.994

中国国家版本馆 CIP 数据核字第 2025G5U161 号

| 权利外观理论的商事适用 QUANLI WAIGUAN LILUN DE SHANGSHI SHIYONG | 王梦薇 著 | 责任编辑 柯 恒 装帧设计 鲍龙卉 |

出版发行　法律出版社　　　　　　开本　710 毫米×1000 毫米　1/16
编辑统筹　学术·对外出版分社　　印张　14.5　　字数　163 千
责任校对　郭艳萍　　　　　　　　版本　2025 年 6 月第 1 版
责任印制　胡晓雅　宋万春　　　　印次　2025 年 6 月第 1 次印刷
经　　销　新华书店　　　　　　　印刷　唐山玺诚印务有限公司

地址：北京市丰台区莲花池西里 7 号（100073）
网址：www.lawpress.com.cn　　　　　销售电话：010-83938349
投稿邮箱：info@lawpress.com.cn　　客服电话：010-83938350
举报盗版邮箱：jbwq@lawpress.com.cn　咨询电话：010-63939796
版权所有·侵权必究

书号：ISBN 978-7-5244-0251-0　　　　定价：68.00 元

凡购买本社图书，如有印装错误，我社负责退换。电话：010-83938349